中國学術思想 研究輯刊

三九編
林慶彰 主編

第 **6** 冊
康有為思想比較研究（下）

魏義霞 著

花木蘭文化事業有限公司

國家圖書館出版品預行編目資料

康有為思想比較研究（下）／魏義霞 著 -- 初版 -- 新北市：
花木蘭文化事業有限公司，2024〔民 113〕
目 6+168 面；19×26 公分
（中國學術思想研究輯刊 三九編；第 6 冊）
ISBN 978-626-344-578-9（精裝）
1.CST：康有為 2.CST：學術思想 3.CST：中國哲學
4.CST：比較研究
030.8   112022470

ISBN-978-626-344-578-9

9 786263 445789

中國學術思想研究輯刊
三九編　第 六 冊   ISBN：978-626-344-578-9

康有為思想比較研究（下）

作　　者　魏義霞
主　　編　林慶彰
總 編 輯　杜潔祥
副總編輯　楊嘉樂
編輯主任　許郁翎
編　　輯　潘玟靜、蔡正宣　美術編輯　陳逸婷
出　　版　花木蘭文化事業有限公司
發 行 人　高小娟
聯絡地址　235 新北市中和區中安街七二號十三樓
　　　　　電話：02-2923-1455／傳真：02-2923-1452
網　　址　http://www.huamulan.tw 信箱 service@huamulans.com
印　　刷　普羅文化出版廣告事業
封面設計　劉開工作室
初　　版　2024 年 3 月
定　　價　三九編 23 冊（精裝）新台幣 62,000 元　　　版權所有・請勿翻印

康有為思想比較研究(下)

魏義霞 著

目

次

第五章　康有為與梁啟超比較

　　在戊戌啟蒙思想家乃至近現代哲學家中，名字常常被連在一起的，首推康有為和梁啟超。梁啟超是康有為的得意弟子，並且與康有為一起發動了戊戌變法。從十九世紀末的戊戌維新開始，兩人便被合稱為「康梁」。之後，這一稱謂一直沿用至今。

　　需要說明的是，「康梁」的稱謂並不代表也不意味著梁啟超的思想與康有為相同。如果因為梁啟超是康有為的學生，思想受康有為的影響，便斷定「康梁」稱謂指康有為、梁啟超思想相同，這是不能接受的。從實際情況來看，梁啟超本人的思想以多變著稱於世。就一般邏輯而言，不可能變前變後均與康有為相同。梁啟超在戊戌政變之前秉持師說，後來尤其是逃亡日本、接觸大量的西方思想後與康有為的思想漸行漸遠，乃至分道揚鑣。這借用梁啟超本人的話說便是：「康、梁學派遂分」。康有為作為老師對梁啟超的影響是毋庸置疑的，然而，一個不爭的事實是，即使是對於梁啟超的早期思想，康有為的思想也並非唯一來源，「『學問欲』極熾」的梁啟超涉獵廣泛，無論是戊戌維新之前兼受嚴復、譚嗣同和夏曾佑等人的影響還是逃亡日本之後深受西方思想浸染，都預示著梁啟超與康有為思想的差異成為不可迴避的重要方面。綜合考察兩人的思想可以發現，康有為、梁啟超的思想既有相同點，又有不同點。這使比較、探究康有為與梁啟超思想的異同成為研究兩人思想的重要切入點。反過來，通過對康有為、梁啟超思想異同的審視和比較，可以更直觀地把握、理解「康梁」稱謂的涵義以及戊戌啟蒙思潮的內部分歧。

第一節　孔學與國學

中國近代是西學大量東漸的時代，也是第一次以西學為參照而全面審視中國本土文化的時代。在這種背景下，諸子百家之間的關係倍受關注，對中國本土文化的整合隨之成為不可迴避的熱點話題。康有為、梁啟超對中國文化的理解迥然相異，無論是對諸子百家關係的認定還是對中國本土文化的整合都相去甚遠。

一、「孔子之學」與「三位大聖」

在對中國本土文化的追溯和審視中，不可迴避甚至最先遇到的便是諸子百家之間的關係問題。在這個問題上，康有為宣稱「百家皆孔子之學」，致使先秦時期相互爭鳴的諸子百家最終都還原為「孔子之學」一家；梁啟超堅持孔子、老子和墨子是中國文化不可或缺的「三聖」「三位大聖」，三人分別創立的儒家、道家和墨家是中國文化的主幹，也是諸子百家的共同源頭。

1. 康有為：「百家皆孔子之學」

在戊戌變法之前的十多年間，康有為有一段相對平靜的學術研究時間，專心致力於考辨中國本土文化的「學術源流」。通過考辨，他得出的結論是：「『六經』皆孔子作，百家皆孔子之學。」[註1]至此，康有為將諸子百家都還原為「孔子之學」一家：第一，從經典上看，《詩》《書》《禮》《樂》《易》《春秋》皆孔子作，先秦諸子皆傳承孔子的六經而來，都是孔子後學。按照通常說法，老子與孔子同為春秋末期人，墨子則生活在春秋戰國之際。為了證明兩人是孔子後學，康有為不僅讓兩人在時間上晚於孔子，而且從經典上找到了兩人是孔子後學的「證據」：老子思想出於《易》，墨子思想出於《春秋》。在將老子、墨子都歸到孔子麾下之後，其他人相對來說也就容易了——總之，皆從孔子所作的六經而來。其中，孟子以傳承孔子作的《春秋》為主，同時傳《詩》《書》；莊子傳《易》；荀子以《禮》為主，同時傳《樂》《詩》《書》等；公孫龍、惠施等傳孔子的正名思想；韓非是老子後學，從《老子》的「天地不仁，以萬物為芻狗；聖人不仁，以百姓為芻狗」而來，是對《易》的歪解。第二，傳承六經不僅證明了「百家皆孔子之學」此言不虛，而且決定了諸子思想的內容側重和在孔子之學中的地位。按照康有為的說法，六經儘管皆出自孔子之手，內容

[註1] 《萬木草堂口說·學術源流》，《康有為全集》（第二集）中國人民大學出版社2007年版，第145頁。

和地位卻大不相同。其中，《詩》《書》《禮》《樂》是孔子早年所作，屬於粗淺之學，故而被孔子拿來「日以教人」；《易》《春秋》是孔子晚年所作，屬於高深之學，故而「擇人而傳」。例如，老子、莊子皆傳孔子之《易》，老子由於「偷得半部《易經》」，只講柔而不講剛，充其量只得孔子之學的「一體」「一端」；莊子卻得孔子大同之學，和孟子一樣成為孔子高級之學的傳人，與老子的地位截然不同。再如，孟子、荀子同是孔門戰國時期的「二伯」，由於孟子傳《春秋》，思想以仁為主，屬大同之學；荀子傳《禮》，思想以禮為主，屬小康之學。《春秋》與《禮》的不同文本決定了孟子、荀子思想的不同側重以及在孔子後學中的懸殊地位。

　　將百家還原為「孔子之學」一家表明了康有為對孔子的特殊尊奉，也奠定了立孔教為國教的基礎。對諸子百家的這一認定進一步決定了他的著作以闡發孔子及其正統傳人的思想為主，從《孔子改制考》《新學偽經考》《春秋董氏學》《孟子微》《論語注》《中庸注》《禮運注》到《春秋筆削大義微言考》均側重對孔子及孔學正宗傳人思想的闡釋和發微。不僅如此，康有為思想的主要來源側重中學，主要也集中在孔子及其正統傳人孟子、董仲舒、陸九淵和王守仁等人。

　　2. 梁啟超：孔子、老子和墨子是「三位大聖」

　　在對中國文化源頭的追溯中，梁啟超指出，孔子、老子和墨子作為春秋以及春秋戰國之交的三位思想家都是中國哲學和文化的始祖，作為中國文化的「三聖」「三位大聖」，孔子、老子和墨子創立的儒家、道家和墨家儘管學派各殊、思想迥異，卻秉持相同的學術宗旨和歸宿，共同成為中國文化的活水源頭，後來的學派都是從這「三聖」「三位大聖」的思想中衍生出來的。正是在這個意義上，他寫道：「孔、老、墨三位大聖，雖然學派各殊，『求理想與實用一致』，卻是他們共同的歸著點。如孔子的『盡性贊化』，『自強不息』，老子的『各歸其根』，墨子的『上同於天』，都是看出個『大的自我』、『靈的自我』和這『小的自我』、『肉的自我』同體，想要因小通大，推肉合靈。我們若是跟著三聖所走的路，求『現代的理想與實用一致』，我想不知有多少境界可以闢得出來哩。」〔註2〕

　　與這個評價相一致，梁啟超分別從不同角度將人數眾多的先秦諸子編排到孔子、老子和墨子創立的學派之中，一面證明「三聖」勢均力敵，共同組成

─────────────────────

〔註2〕《遊歐心影錄》，《梁啟超全集》（第五冊）北京出版社1999年版，第2986頁。

了中國文化的源頭，一面突出三家迥然相異的學術主張和理論特色。為此，他將地理環境決定論運用到對先秦思想的解讀中，從地理環境的角度分析儒、道、墨各家的主張，將儒家和墨家視為北方文化的代表，將老子創立的道家說成是南方文化的精英。循著這個思路，梁啟超得出了儒、墨重人道，道家重天道；儒、墨重實用，道家重理想等結論。這種區分和闡釋成為梁啟超解讀中國本土文化的特點和亮點。

進而言之，梁啟超對諸子百家關係的釐定承認孔子對於中國本土文化的巨大貢獻，卻不像康有為那樣將諸子百家組成的全部中國本土文化都歸為孔子之學。伴隨著這一變化而來的是，梁啟超對先秦學術概況有別於康有為的描述：第一，先秦文化分為孔子創立的儒家、老子創立的道家和墨子創立的墨家三大學派，孔子與老子、墨子被並尊為「三位大聖」或「三聖」。第二，為了防止孔子之學的歧義叢生，梁啟超刻意迴避或不再使用孔教一詞，而是採用儒家文化或儒家等概念與道家、墨家對舉。由此可見，他將中國本土文化主要歸結為儒、道、墨三家，肯定孔子和儒學在中國文化中的作用，卻不再獨尊孔子，孔子之學也不再是中國文化的基本形態。

至此可見，梁啟超確定了儒家、道家與墨家在中國本土文化中三足鼎立的格局。這一觀點成為他審視中國傳統文化的基本思路，貫穿於對中國古代政治史、法律史、哲學史和思想史的研究。例如，梁啟超在《中國法理學發達史論》中專列《舊學派關於法之觀念》一章，其中的第一節是儒家，第二節是道家，第三節是墨家。再如，在《先秦政治思想史》中，他稱孔子學派為「儒家思想」，與「道家思想」、「墨家思想」和「法家思想」相對應。這些都表明，孔子與老子、墨子是並列關係，三人創立的學派也是彼此獨立而並列的，其間並無交叉或重合關係——質言之，老子、墨子學派並非從孔子學派而來，壓根就不存在康有為所講的包括道家、墨家在內的百家皆孔子之學的情況。儘管《先秦政治思想史》由於「法家思想」的出現打破了梁啟超先前構築的儒、道、墨三足鼎立的格局，卻沒有改變老子、孔子和墨子是「三位大聖」。他依然認定三人創立的道、儒、墨是中國文化三大流派的觀點，強調法家是三家思想的和合。更為重要的是，無論梁啟超是否將法家單獨列出，有一點是相同的，那就是：孔子創立的儒家不再是唯一學派——甚至可以說，孔子及儒家不再具有道家、墨家無可比擬的優越性。以《老孔墨以後學派概觀》為例，「第三節孔子所衍生之學派」只將孟子列入其中，與康有為、譚嗣同視野中孔子後學的人物眾多、

流派紛呈形成強烈反差。並且，從題目可以看出，孔子不再是中國文化唯一的始祖或最高代表，老子甚至被置於孔子之前。其實，梁啟超將孔子與老子、墨子並稱為中國文化的「三位大聖」，也就意味著孔子創立的學說不再是代表中國文化的孔子之學或孔教，將之稱為儒家就是為了與老子創立的道家、墨子創立的墨家相對應。

接下來的問題是，由於認定孔子、老子、墨子同為「三位大聖」，梁啟超在重視孔子及儒家的同時，也關注老子代表的道家和墨子創立的墨家。除了在《先秦政治思想史》中將道家、墨家與儒家一樣納入研究視野之外，他十分重視老子和墨子思想的研究。值得一提的是，梁啟超的墨學研究思想闡發與文本考釋雙管齊下，由《子墨子學說》《墨經校釋》《墨子學案》組成的三部曲掀起了近代墨學的復興，之後引起胡適、馮友蘭等人對墨子的關注。

需要說明的是，梁啟超反對的是康有為將孔子神秘化，並不懷疑孔子思想的價值和在歷史上及其當下的作用。有鑑於此，在由於保教問題與康有為分道揚鑣——用他本人的話說即「於數年前保教之迷信，固亦棄擲之」之後，梁啟超依然為康有為提升孔子地位的做法進行辯護，肯定孔子在歷史上「支配二千年人心」，在中國近代推崇孔子對於凝聚人心、重拾信仰具有重要意義。於是，梁啟超寫道：「又近世新學者流，動輒以排孔為能。夫以支配二千年人心之一巨體，一旦開其思想自由之路，則其對之也，有矯枉過直之評，是誠所難免。即鄙人於數年前保教之迷信，固亦棄擲之矣。雖然，日日掊擊孔子，試問於學界前途果有益乎？夫今後國人之思想，其必不能復以二千年之古籍束縛之也，洞若觀火矣。然則孔子學說，無論如何，斷不能為今後進步之障，而攻之者豈復有所不得已者存也？彼狂妄少年，肆口嫚罵者，無傷於日月不足道也；而一二魁儒之必與孔子為難者，則於舊倫理有所不滿意。謂孔教以家族為單位，使我國久困宗法社會，不能入國民社會者孔子也；謂孔子假君主以威權，使二千年民賊得利用之以為護符者孔子也。斯固然也，曾亦思：『天下為公，選賢與能』，『不獨親其親，不獨子其子』，非孔子之言耶？在排孔者曷嘗忘諸，顧隱而不言，而惟舉其可難者以相難，則或有所為而亢世子法於伯翁，或侈其辨以為名高耳。夫二千年來之倫理，固一出於孔子小康教範圍之內。而孔子著述言論，其屬於小康範圍者，十而八九，此無容諱者也。然謂此為孔子獨一無二之教指，寧可謂平？《春秋》必立三世，則何以故也？《禮運》豈不明言丘未之逮而有志也？試思孔子當日之社會，群雄角立，同族相競，非希望得一強大之

中央政府何以為治？而社會結合力薄弱之時，家族制度又安可闕也？孔子不欲導民進化則已耳，苟其欲之，則安能躐小康之一階級？故大同之義，只能微言之，虛懸以俟後聖，是得為孔子罪矣乎？我輩今日若以為小康之統既積久而敝，不適於今也，則發其微言可耳。計不出此，而以國人最信仰之人物資敵，使民賊得盾焉，以號召中立黨而弱我，吾未見其利，而先睹其害耳。且一民族之心理，必有所繫然後能結合而為有秩序之進步。今當青黃不接之交，學者方倀倀無適從，而先取一最有價值之人物而踣之，在立言者之意，曷嘗不欲補偏救弊，棄短取長？其奈和之者必變本加厲，一嘯而百吟，一趨而百奔，乃將曰：彼號為聖人百世師者，其學識乃尚不及我，其訓言安足信？其所謂道德之責任安足守？聖人百世師且然，他更何論矣！嗚呼！是豈不舉天下而洪水猛獸之也。」〔註3〕正是對孔子的尊崇為梁啟超後來在作為國學的「德性學」中大力提倡孔子和儒家的人生哲學奠定了基礎。

必須提及的是，1918 年第一次世界大戰後，梁啟超考察歐洲。戰後歐洲的物質蕭條——特別是人失去物質文明之後的精神空虛給他以極大的刺激和震動，促成了梁啟超有生以來最後一次思想大變動。此時的他開始由熱情洋溢地輸入西學轉向回歸東方文化，而梁啟超所推崇的東方文化則主要是孔子代表的中國文化和印度的佛教文化。儘管如此，在講儒家文化時，他並沒有將儒家與老子創立的道家或墨子創立的墨家思想對立起來，「三聖」的稱謂就出現在記錄、反思歐洲之旅的《遊歐心影錄》中。事實上，梁啟超在講東方文化時，不僅將孔子的思想與佛教相互詮釋，而且將孔子、孟子和王守仁等人的思想與老子、莊子和墨子等人的思想相提並論，只不過由於孔子代表的儒家更注重人生哲學，故而為梁啟超所津津樂道而已。

二、孔教與國學

與古代將官學稱為國學，以與民間的私學相對舉不同，近代意義上的國學最基本的含義是一國固有之學，與外學相對應。這使近代國學具有了面對西學大量東漸，進行中華民族文化認同的文化背景和歷史使命。與此相一致，中國近代的國學概念涉及對諸子百家源流的看法，更主要的還是對中國本土文化的整合，特別是在外來之學——西學映襯下凸顯中國文化的民族性、歷史性、

〔註 3〕《論中國學術思想變遷之大勢》，《梁啟超全集》（第二冊）北京出版社 1999 年
版，第 617～618 頁。

地域性和特殊性。這就是說，康有為、梁啟超在對中國本土文化的審視中，既需要考辨諸子百家之間的源流關係，又需要對諸子百家共同組成的中國本土文化予以整合；在某種程度上甚至可以說，後者更為重要——因為中國本土文化是作為一個整體與西學相對的。中國近代特殊的歷史背景、文化語境和現實需要決定了包括康有為、梁啟超在內的近代哲學家對中國傳統文化的探究並非出於純粹的學術興趣，而是迫於救亡圖存的政治鬥爭和現實需要。因此，對於他們來說，不僅要回答中國本土文化內部諸子百家之間的關係問題，而且要回答中學與西學的關係問題。相比較而言，對後一問題的回答更為重要——既關涉中國人的民族認同、文化認同和身份認同，也成為藉此鼓舞中國人自尊心、自信心，從而同仇敵愾的精神支柱和理論武器。換言之，對中國本土文化予以整合，彰顯中國本土文化的整體性不僅是一個理論問題，而且是一個刻不容緩的現實課題。在這個問題上，康有為、梁啟超對諸子百家「學術源流」的梳理關係到對中國本土文化的整合，更體現著不同的國學理念。「孔子之學」與「三位大聖」的概括顯示康有為、梁啟超的國學理念大不相同，這一點從兩人對國學的不同稱謂上即可一目了然：康有為將中學稱為孔教，梁啟超則將中學稱為國粹、國學。

1. 康有為的孔教時代

康有為聲稱「百家皆孔子之學」，致使孔子之學成為對包括諸子百家在內的全部中國本土文化的整體稱謂。在他那裏，孔子之學又可以稱為孔學、孔子之教或孔教，四者異名而同實。出於推崇孔子之學的需要，康有為推崇孔教。於是，他呼籲立孔教為國教，不僅認定孔子的思想是宗教，而且奉孔子為中國的教主。在一般意義上——或者說，按照通常的理解，孔子之學有側重學術、思想之義，孔教則突出孔子思想的宗教意蘊。在康有為那裏，卻不存在這種區別。這是因為，他是教學相混的。所以，孔學與孔教之間並無本質區別，可以視為一個概念。正是鑒於孔學在中國文化中的至尊地位，康有為大聲疾呼立孔教為國教。

進而言之，康有為用以稱謂中國本土文化的孔教概念具有兩層含義，由此流露出立孔教為國教的雙重動機：第一，孔子是中國的教主，孔教是中國文化的基本形態，代表全部中國本土文化，理所當然地成為與外入之學相對應的國學。第二，中國作為孔子之教的沐浴地，是一個有文明教化的國度，中國的孔教不僅與西方的基督教（耶教）一樣是宗教，而且高於後者。

　　康有為用孔教整合中國本土文化不僅注定了國學的基本內容，而且決定了國學以宗教為基本形態。誠然，《論語》中就有儒的概念，儒作為一種職業則出現更早。將孔子開創的學說稱為儒以區別於其他學派早已有之，這一點從先秦經典──《墨子》《韓非子》中即可見其一斑。儘管如此，凸顯儒學宗教意蘊的儒教一詞在東漢時才出現。東漢文學家蔡邕（132～192）在為漢桓帝朝太尉楊秉撰寫的碑文中讚揚楊秉「公承夙緒，世篤儒教」（《全後漢文》卷七十五），成為目前發現的儒教一詞的最早記載。魏晉南北朝以後，儒教一詞廣為流行。儒教稱謂是相對於「佛教」、「道教」而言的，是儒教在與佛、道二教的比較中產生的一種稱謂，因此才出現在佛教傳入、道教創立之後的東漢末年。儒教出現後，才有三教之稱。三教的出現既表明儒教與道教、佛教一樣屬於宗教，又表明其與後兩教有別，三者處於相互爭教的態勢之中。正如儒教稱謂的出現肩負著應對佛教、道教等非儒文化，彰顯自身價值訴求的使命一樣，康有為以孔教稱謂中國本土文化是為了應對有別於中國本土文化的異質文化。儘管康有為的思想以儒學為主，面對西學的入侵，他是為中學而不是為儒學代言的。對於這一點，康有為主張立孔教為國教而不是立儒教為國教便是明證。

　　在康有為那裏，孔教與儒教之間的區別不僅在於孔教中包括儒教（儒學），同時兼容了道家、墨家、道教和佛教等非儒因素；而且在於孔教的稱謂彰顯教主之名，旨在以孔子與耶穌對舉，可以更好地服務於以教治教的目的。在中國近代肆意橫行的基督教以信仰耶穌為宗旨。近代中國人對於基督教有多種稱謂，如基督教、西教、洋教和耶穌教等，凡此種種，不一而足。在這種情況下，康有為在眾多稱謂中選擇耶教稱謂基督教，是含有深意的：耶教以教主命名，而不是以教宗或地域命名──既沒有像唐代初傳時那樣稱為景教或者像明末那樣稱為天主教，也沒有像嚴復、章炳麟那樣以地域稱之為洋教或西教。顯而易見，康有為在將基督教乃至西方文化稱為耶教的前提下，將中國本土文化統稱為孔教無疑更有針對性。在這個前提下，他主張立孔教為國教，目的在於以孔子對抗耶穌，以孔教代表的中國文化應對以耶教為代表的西方文化。如此看來，正如韓愈為了抵制佛教入侵後儒學日益式微而搬出儒家的道統說一樣，康有為身處全球化的文化語境中，將國學界定為孔子之學即孔教，以此重談孔子之學的傳承譜系，是為了應對西方宗教的強勢湧入，重拾中國人的文化認同，肩負著救亡與啟蒙的雙重動機和歷史使命。

　　正是由於這個原因，康有為對孔子創立的學說和傳承譜系的探索以及對

中國本土文化的審視、梳理具有不同以往的特徵和意義：第一，由於西學的強勢傳入，特別是由於信仰基督教而引起的中國人的信仰危機，中國本土文化遭遇了前所未有的威脅。與此同時，由於中國閉關鎖國的大門被突然打開，中國被強行拋入到全球化的世界歷史進程，中國文化作為人類文化的一部分被擺在世界面前。突如其來的變故改變了中國人的生存狀態，也改變了中國歷史和中國文化的命運。與西學相對應，國學彰顯中國本土文化的主體性、自主性和民族性。在這方面，梁啟超直接使用國學概念如此，康有為所使用的整合諸子百家、以與西學分庭抗禮的孔教概念也不例外。在康有為那裏，由於孔教是作為中國本土文化的整體、孔子是作為中國文化的象徵出現的，因此，對孔教或孔子的態度與愛國主義和民族自尊心息息相關。孔學就是中國文化的象徵，包羅萬象，諸子百家均被囊括其中，是中國幾千年教化傳承的精神血脈，也可以稱為孔教。康有為所使用的孔教概念與梁啟超使用的國學概念在立言宗旨和救亡圖存的現實需要上如出一轍，具體方式卻截然不同。康有為著眼於西方文化的主體是宗教（耶教），為了與之抗衡而以教治教，以孔教稱謂、整合中國本土文化，具有彰顯其宗教意蘊的意圖。這是中國歷史上從未有過的現象，與明代基督教大量傳入後以禮儀之爭為表現形式的孔耶之爭不可同日而語。在康有為的視界中，西方文化的價值主體是基督教代表的宗教文化。為了與之抗衡，也為了與世界文化接軌，他用孔教稱謂、代表中國本土文化。所謂孔教，借用康有為的話語結構即「孔子之教」，泛指與異質文化相對應的中國本土文化。這種界定的目的旨在以孔子作為中國本土文化的象徵，與耶穌代表的西方文化分庭抗禮。第二，中國哲學重綜合，與西方重分析的學術傳統明顯不同，與西方近代自然科學的分門別類更是迥異其趣。康有為試圖按照西方近代的學科系統取代中國原有的經、史、子、集的分類標準，以此重新審視、梳理中國本土文化的學術源流，考辨諸子百家之間的關係。孔教便是以西學為參照，對中國本土文化的整合和對諸子百家關係的釐定。作為一種全新的嘗試並且是最初階段，康有為的開創之功不可抹殺。

2. 梁啟超的國學時代

基於對孔子與老子、墨子關係的認定，梁啟超不再像康有為那樣將孔子之學及其代表的全部中國本土文化統稱為孔教或孔子之學，而是在以儒學取代康有為孔教概念的同時，以國粹、國學指稱中國本土文化。第一，就稱謂而言，梁啟超是繼黃遵憲之後較早使用國學一詞的近代哲學家，在 1902 年的《論中

國學術思想變遷之大勢》中多次用國學概念代表中國的學術思想,以此與西方文化以及西方各國的學術思想相對舉。此外,早在 1901 年的《中國史敘論》中,他就最先使用國粹一詞標誌中國本土文化。第二,就內容而言,梁啟超強調治國學要走「兩條大路」:一條是以歷史學為核心的「文獻學」之路,一條是以儒學和佛學為主體的「德性學」(他又稱之為人生哲學)之路;前者側重文獻、古籍的整理、考據和辨偽,後者側重思想的詮釋、闡發和應用。正如梁啟超本人所言,前者的工作是時人已經開始的,章炳麟等人的「整理國故」即屬此類;後者則是被人忽視乃至遺忘的,卻是更為重要的。治國學要走「兩條大路」不僅反映了梁啟超有別於康有為、章炳麟的國學理念,而且表明了梁啟超對國學的研究和關注獨闢蹊徑,極大地拓展了國學的視野和內容。

早年的梁啟超曾經使用中學稱謂中國本土文化,同時大力提倡西學。在他看來,中學與西學相互作用,對於中國文化的重建和救亡圖存來說缺一不可。梁啟超斷言:「要之捨西學而言中學者,其中學必為無用;捨中學而言西學者,其西學必為無本。無用無本,皆不足以治天下。」〔註4〕基於這一認識,梁啟超在跟隨康有為一起闡揚中國本土文化的同時,熱情洋溢地歡迎西方文化。事實上,梁啟超不僅對自己輸入西學、啟蒙民眾的做法和功勞洋洋得意,而且將自己譽為「新思想界之陳涉」。這一定位從一個側面表明了梁啟超對西學的偏袒——至少在學術貢獻或在與康有為思想的差異上如此。後來,特別是第一次世界大戰之後,梁啟超開始由早年主張中西文化本用互補轉向偏袒東方文化。第一次世界大戰後的歐洲之行使梁啟超完全放棄了西方文化而力挺東方文化,以至於有人將梁啟超歸為東方文化派。姑且不論對梁啟超思想的這種學術歸屬是否合適,有一點是可以肯定的,那就是:這一時期的梁啟超在價值上堅定不移地恪守以精神文化為核心的東方文化,使用國粹、國學來稱謂中國本土文化,旨在與外學相對應,突出中國文化的歷史傳統和薪火相傳。在梁啟超對中國本土文化的國學稱謂中,國學為中國所固有,作為幾千年一脈相承的歷史積澱和結晶,是中國文化的精華即國粹。換言之,中國文化具有自身的獨特價值,作為中國人世代沿襲的傳統,是中國人安身立命的生活方式和價值皈依。

一言以蔽之,康有為的孔教概念旨在強調孔教是中國本土文化的基本形態,它的潛臺詞是:西方是有教化的民族,中國也是;西方文化以宗教(耶教)

〔註 4〕《〈西學書目表〉後序》,《梁啟超全集》(第一冊)北京出版社 1999 年版,第86 頁。

為主體，中國文化（孔教）也是如此。由此可見，康有為始終側重中西文化之同，故而將仁說成是孔教、佛教與耶教的共同宗旨。這表明，康有為在文化理念上秉持世界主義，世界主義也是他主張大同社會同一文化、取消漢字的理論前提。與此不同，梁啟超對國粹、國學的理解和界定彰顯了中國本土文化的民族性和歷史性，是一種不同於文化絕對主義或文化進化主義的文化相對主義理念。

　　與其積極意義同樣不可否認的是，從出現之日起，康有為的孔教概念就倍受爭議。拋開政治因素以及與其他人思想的差異不論，僅就康有為本人的思想而言，其消極影響也是顯而易見的：第一，就孔子與諸子之間的關係來說，孔教概念本身帶有致命的模糊性和不確定性，用之梳理諸子百家之間的關係難免自相矛盾。例如，康有為對孔教（孔子之學）的界定造成了老子、墨子的尷尬身份和矛盾歸屬——一會兒將老子、墨子一起歸入孔子後學，一會兒將兩人逐出孔學而讓其另立門戶。以老子為例，當孔教作為全部中國本土文化的代名詞時，包羅諸子和百家，老子概莫能外；當孔教在內容上側重孔子創立的儒家學說時，老子便被排除在外，與莊子以及列子、韓非等人構成了有別於儒學的道家學說，並且與墨子一樣成為與孔子爭教最盛者。在康有為那裏，老子、墨子及莊子等人的尷尬身份是不可避免的，因為這一切歸根結底都是由孔教概念的模糊性引起的，故而與孔教與生俱來，是無法克服的。進而言之，康有為孔教概念的模糊性在於，一面以孔教代表全部中國本土文化，一面在內容上側重儒家文化；二者之間的張力使他所講的孔教具有了廣義與狹義之分：一方面，康有為斷言「百家皆孔子之學」，在這個意義上，孔教代表全部中國本土文化。另一方面，康有為有時用儒學與老學、墨學相對舉，在這個意義上，孔教、老教（老子之教）和墨教（墨子之教）是彼此獨立的。前者是包括儒、道、墨在內的全部中國本土文化，後者相當於與道、墨相對的儒學或儒家概念。問題的關鍵是，康有為本人沒有對孔教與儒家的關係進行釐定，乃至沒有關於孔教的廣狹之分，由此造成的矛盾在所難免。與康有為相比，梁啟超將諸子百家歸結為孔子、老子、墨子分別創立的儒、道、墨三家，將其他學派說成是三派的後學，由於從源頭上釐清了孔子與老子、墨子之間的關係，對於糾正康有為孔教概念引起的孔子與老子、墨子代表的諸子關係的混亂具有一定作用。第二，就客觀後果來說，無論康有為本人的初衷如何，有一點是不爭的事實：雖然康有為所使用的孔教概念和稱謂並非專指宗教，也不特意凸顯儒家或中國

本土文化的宗教思想，但是，它還是模糊了宗教文化與世俗文化的界限。在他的表述中，孔子是孔教的教主：「孔子為教主，為神明聖王，配天地，育萬物，無人、無事、無義不圍範於孔子大道中，乃所以為生民未有之大成至聖也！」〔註5〕這樣一來，當康有為用孔教稱謂中國本土文化時，不可避免地用宗教遮蔽了儒學乃至中國文化其他方面的內容。

在這種背景下，梁啟超以國粹、國學稱謂中國本土文化不僅消解了康有為孔教概念導致的以宗教遮蔽中國本土文化的其他內容之虞，而且在對歷史的重視中充分彰顯了中國文化的地域性、民族性和特殊性。梁啟超是中國近代的國學大家，對於國學的貢獻不僅是在 1901 年的《中國史敘論》中最早使用國粹概念，並在 1902 年寫的《論中國學術思想變遷之大勢》中多次使用近代意義上的國學一詞與西方各國的學術相對舉，而且在於其獨特的國學理念和成果驕人的國學研究。正是由於這些原因，梁啟超在生前就已經是公認的國學大師。進而言之，梁啟超國學理念的非常意義在於：不再像康有為那樣從宗教的角度框定國學的基本形態和主體內容，而是在文化傳承和歷史沿革中，彰顯中國本土文化的主體性、民族性和特殊性。這一視角和宗旨促使梁啟超極為重視中華民族發軔、演變和傳承的歷史，進而將歷史學視為國學的核心內容之一，整理古代遺留的歷史文獻也隨之成為治國學的兩條大路中的一條。卡爾·貝克的解釋印證了梁啟超重視歷史對於國學研究的重要意義。卡爾·貝克說：「每個普通人如果不回憶過去的事件，就不能做他需要或想要去做的事情；如果不把過去的事件在某種微妙的形式上，同他需要或想要做的事情聯繫起來，他就不會回憶它們。這是歷史的自然作用，也是歷史被簡化到最後一層意義上、成為所謂說過做過事情的記憶的自然作用。」〔註6〕循著這個思路，在中國產生、傳延幾千年的本土文化是中國人的精神家園，歷史則是中國人的根。只有在對中國歷史的解讀中，才能弄清楚作為中國人的我是誰，我從哪裏來，要到哪裏去。由此可以想像，離開歷史的國學是殘缺的。正因為如此，與康有為對宗教的過度熱情截然不同，梁啟超力圖突出歷史在國學中的地位，將歷史傳承注入國學之中，乃至視為國學的基本內容。正是憑藉歷史和文化傳統彰顯中國本土文化的民族性和特殊性，以此激發中華民族的身份認同、文化認同、民族認同

〔註5〕《孔子改制考》卷十，《康有為全集》（第三集）中國人民大學出版社 2007 年版，第 127 頁。

〔註6〕轉引自何曉明的《走出「歷史知識社會化」的誤區》，載《光明日報》2011 年 1 月 12 日。

的致思方向和價值旨趣使梁啟超堅守民族主義，在拯救中國的路徑問題上與康有為的世界主義漸行漸遠。

　　上述內容顯示，康有為、梁啟超對國學的不同稱謂傳遞著對中國本土文化的不同理解和定位，流露出對諸子百家的不同側重和取捨。儘管兩人所使用的孔學、孔教與中學、國學等概念在內涵和外延上存在某些交叉的地方，卻不是完全重合的。在康有為那裏，國學是孔子之學，也可以稱為孔教。從這個意義上說，孔教等同於國學——或者說，國學就是孔子之學、就是孔教。與此同時，孔教並不等同於儒學。原因在於，孔教雖然由於對孔子及其正宗傳人思想的重視而側重儒家，甚至有時二者相混，但是，康有為有時以「儒」專指儒家思想，與道家、墨家相對，這時的「儒」顯然是孔教的一部分。直接使用國學概念的梁啟超將國學分為「文獻學」與「德性學」兩部分，就諸子百家的關係——特別是孔子與老子、墨子的關係而言，三人並稱為「三聖」，將孔子、老子和墨子分別創立的儒家、道家、墨家對舉。這樣一來，梁啟超所講的國學包括康有為視界中狹義的孔子之學即儒學，卻並不專指儒學。除了儒家思想之外，梁啟超所講的國學中還有老子創立的道家思想和墨子創立的墨家思想，同時包括以華嚴宗、唯識宗和禪宗為代表的佛學。這表明，在梁啟超那裏，儘管儒學不再等同於國學，卻是國學——尤其是「德性學」中不可或缺的組成部分。除此之外，如果說梁啟超使用的中學概念與康有為的孔教概念一樣還是中學與西學對舉的話，那麼，他的國粹、國學概念則是具有強烈中國主體意識的稱謂。

　　進而言之，孔教與國學稱謂不僅濃縮著康有為、梁啟超對中國本土文化的整合和定位，而且具有不同的理論內涵和思想側重，標誌著不同的文化形態。近代國學作為對中國本土文化的第一次全面審視和梳理，內涵著兩個關係維度，而這兩個關係維度恰恰直觀地展示了康有為、梁啟超不同的西學觀和中學觀：第一，中學與西學的關係維度。相比較而言，康有為的思想以中學為主，梁啟超稱之為「天稟」哲學似乎印證了這一點，因為梁啟超立論的依據是：康有為「不通西文，不解西說，不讀西書，而惟以其聰明思想之所及，出乎天天，入乎人人，無所憑藉，無所襲取，以自成一家之哲學，而往往與泰西諸哲相暗合」〔註7〕。梁啟超是西學的熱情宣傳家，其西儒學案以人物為線索介紹西學，對於中國人瞭解西方的政治、經濟、法律和哲學思想發揮了不可忽視的啟蒙作用。對於這一點，梁啟超對自己「新思想界之陳涉」的定位是最好的注腳。第

〔註7〕《南海康先生傳》，《梁啟超全集》（第一冊）北京出版社1999年版，第488頁。

二，中國本土文化中儒、釋、道以及諸子百家之間的關係維度。在康有為那裏，一方面，孔教是對中國本土文化的整體稱謂。另一方面，孔教以孔子、孟子和董仲舒等儒家人物為主。這也是康有為被稱為近代新儒家的原因所在，更是導致有人將康有為的立孔教為國教理解為立儒教為國教的根源所在。與康有為突出儒家在中國本土文化中的一枝獨秀迥異其趣，梁啟超視界中的中國本土文化有三個源頭，道家、墨家與儒家一樣構成了中國文化的主幹，正如老子、墨子與孔子一起是中國文化的「三位大聖」一樣。當然，康有為、梁啟超對待諸子百家的認識均有整合意味，與章炳麟秉持古文經立場，沿襲劉歆等人的思路，將諸子百家歸結為九流十家差若雲泥。

第二節　孔教與佛教

　　康有為、梁啟超對中國本土文化的審視流露出不同的文化理念和價值訴求，既彰顯出兩人對中國文化的不同態度，又展示了對中國本土文化的不同取捨。就文化態度和思想內容而言，如果說康有為的理論來源主體是中學的話，那麼，梁啟超則是中西參半。進而言之，不同的理論來源和取捨既表現了兩人不同的學術興趣和思想側重，又進一步導致不同的理論建構。這一點通過康有為始終如一的孔教情結與梁啟超對宗教態度的變奏生動而直觀地表現出來。

一、康有為的孔教情結

　　在康有為那裏，無論將孔子奉為宗教家還是呼籲立孔教為國教來抵制西方傳入的耶教（基督教），無一不是對孔教情結的流露和表達。正由於有了這一前提，他以中國的孔教對抗西方的耶教，並且將孔教置於耶教之上。

　　康有為視界中的孔子是宗教家，之所以將孔子之學稱為孔教，寓意有二：第一，孔子是中國的教主，孔子的思想是宗教。第二，康有為並沒有對教與學予以區分，乃至教、學相混。在這個前提下將孔子之學稱為孔教，借用他本人的話語結構或表達方式即「孔子之教」。教在中國本土文化語境中指教化，在以基督教為主體的西方文化語境中指宗教。

　　教在中西文化語境中的歧義性使康有為本來就模糊的孔教概念更加含糊不清，並且在外延與內涵兩個方面表露出來：第一，從外延上看，孔子之學具有廣狹兩套系統，這兩套孔子之學（孔教）與外來文化相遇時，造成了更大的混亂。例如，康有為的孔教概念具有宗教含義，在中國本土文化中——

尤其在康有為泛宗教化的觀念中與老教、墨教相對應，三者具有不同的稱謂和宗旨：孔教以仁為宗旨，名儒；老教以不仁為宗旨，名道；墨教以仁為宗旨，名俠。不同的宗旨致使孔教與老教、墨教處於爭教之中，這用康有為本人的話說便是：「戰國與孔子爭教盛者，老、墨二家，孟子不攻老，因當時楊學盛行，攻其弟子即攻其師也。」〔註8〕這裡的孔教是狹義的，不是指包括老子、墨子思想在內的全部中國本土文化，而是指儒學或儒教，在外延上與孔、佛、耶對舉中的廣義的孔教顯然並不重合。稍加留意即可發現，他用以指稱代表老子之教的楊朱之教的概念是「楊學」而非「楊教」。這從一個側面暴露了康有為宗教概念的隨意性，同時印證了他的泛宗教傾向。第二，從內涵上看，孔教具有雙重性，既有宗教意蘊，又泛指包括宗教、哲學、教化在內的所有文化：一方面，孔教之教有宗教之義，旨在證明中國歷史上一脈相承且源遠流長的孔教是一種宗教，孔子便是孔教的教主。正是在這個意義上，康有為不止一次地明確指出：

> 儒教，孔子特立。傳道立教，皆謂之儒。老之教曰道，墨之教曰俠。近耶教藉羅馬之力，十二弟子傳教，專在教人，創為天堂地獄之說。馬蝦默德謂之回，其教極悍。釋迦牟尼謂之佛，其教專以虛無寂滅，亦藉天王之力。〔註9〕

> 老子之學，分為二派：清虛一派，楊朱之徒也，弊猶淺；刻薄一派，申、韓之徒也，其與儒教異處，在仁與暴，私與公。儒教最仁，老教最暴。故儒教專言德，老教專言力。儒教最公，老教最私。儒教專言民，老教專言國。言力言國，故重刑法，而戰國之禍烈矣。清虛一派，盛行於晉，流於六朝，清談黃老，高說元妙。刻薄一派，即刑也，流毒至今日，重君權、薄民命，以法繩人，故泰西言中國最殘暴。〔註10〕

在上述引文中，儒教顯然不是指包括老子之教、墨子之教在內的孔教，而是與後者並列的，應屬儒教或狹義的孔教。儘管如此，它又是與基督教、佛教

〔註8〕《萬木草堂口說・諸子》，《康有為全集》（第二集）中國人民大學出版社 2007 年版，第 176 頁。

〔註9〕《康南海先生講學記・古今學術源流》，《康有為全集》（第二集）中國人民大學出版社 2007 年版，第 108 頁。

〔註10〕《康南海先生講學記・古今學術源流》，《康有為全集》（第二集）中國人民大學出版社 2007 年版，第 108 頁。

等宗教對舉的，暴露了兩套孔教之間在內涵和外延上的衝突。更為重要的是，康有為在此所舉的西方或印度文化是以宗教為主體的，從這個意義上說，孔教在內涵上應專指宗教。盡管如此，在話語結構和表達方式上，他依然學與教互用，第二段引文以「老子之學」與「儒教」對舉，甚至「老子之學」與「老教」同時出現，其概念之混亂可見一斑。另一方面，孔教代表國學，泛指中國本土文化的方方面面。康有為所講的宗教是寬泛的，與現代意義上從屬於哲學的宗教哲學或與世俗文化相對應的宗教文化不是同一層次的範疇。在《日本書目志》中，他借鑒西方學科分類方法對所翻譯的日本書目進行分類，歸分為生理門、理學門、宗教門、圖史門、政治門、法律門、農業門、工業門、商業門、教育門、文學門、文字語言門、美術門、小說門和兵書門，共計十五門。在這十五門大學科中，宗教位列其中，屬於獨立於哲學並與政治、法律、文學等門並列的「一級學科」，哲學則與物理、化學等自然科學一起被歸為「理學門」。除了哲學之外，「理學門」中尚有心理學、倫理學、人類學、動物學和植物學等。這個分科表明，康有為並不能較為合理地釐定哲學與宗教的關係，同時對哲學重視不夠，故而將之與心理學、倫理學等學科等量齊觀，乃至與動物學、植物學歸在同一門之中。這種情況的出現與其說源於康有為對哲學的有意怠慢，不如說是因為他對哲學和宗教都缺少應有的認識——只不過是與將哲學隨意降低相反，對宗教任意拔高而已。中國近代歷史背景和文化語境中的宗教是西方的舶來品，與中國文化傳統中的教化不可同日而語。無論是教、學相混，還是宗、教相分，都暴露出康有為對西方宗教認識的闕如，故而沒有像嚴復那樣主張教學分途、政教分離。從另一個角度看，正是由於康有為的教、學相混，才可能使教涵蓋文化的各個領域，進而成為文化的核心內容乃至基本形態。於是，才有了以具有宗教意蘊的孔教稱謂全部中國本土文化，以耶教稱謂西方文化的可能性和正當性。

翻檢、綜觀其思想可以看到，康有為具有泛宗教傾向，總是有意無意地擴大宗教的範圍，誇大宗教的作用。他之所以這樣做，道理很簡單：第一，從作用上看，宗教的作用越大，越能夠通過宗教（孔教）達到保國、保種的目的。第二，從學科上看，宗教與哲學、心理學和倫理學等學科並無必然的內在關聯，故而成為獨立的「一級學科」。

與泛宗教傾向相一致，康有為給宗教下了這樣一個定義：「合無量數圓首方足之民，必有聰明首出者作師以教之。崇山洪波，梯航未通，則九大洲各有

開天之聖以為教主。太古之聖，則以勇為教主；中古之聖，則以仁為教主；後古之聖，則以知為教主。同是圓顱方趾則不畏敬，不畏敬而無以聳其身，則不尊信，故教必明之鬼神。故有群鬼之教，有多神之教，有合鬼神之教，有一神之教。有託之木石禽畜以為鬼神，有託之屍像以為鬼神，有託之空虛以為鬼神，此亦鬼神之三統、三世也。有專講體魄之教，有專講魂之教，有兼言形魂之教，此又教旨之三統也。老氏但倡不神之說，阮瞻為無鬼之論，宋賢誤釋為二氣良能，而孔子《六經》、《六緯》之言鬼神者晦，而孔子之道微。豈知精氣為物，遊魂為變，《詩緯》以魂為物本，魂靈固孔子之道。而大地諸教乃獨專之，此亦宋賢不窮理而誤割地哉！」〔註11〕根據康有為對宗教的界定，宗教的本質是敬畏，由於信仰對象的不同，而遵循三世、三統的程序進化。就宗教的三世進化程序而言，孔子的思想以仁為宗旨，屬於中古宗教，對於近代中國社會來說恰逢其時；就宗教的三統而言，孔教既尊神又敬鬼，並且魂魄兼養。

與此同時，康有為斷言，宗教具有陽教與陰教之分。他寫道：「天地之理，惟有陰陽之義無不盡也，治教亦然。今天下之教多矣：於中國有孔教，二帝、三皇所傳之教也；於印度有佛教，自創之教也；於歐洲有耶穌；於回部有馬哈麻，自余旁通異教，不可悉數。然余謂教有二而已。其立國家，治人民，皆有君臣、父子、夫婦、兄弟之倫，士、農、工、商之業，鬼、神、巫、祝之俗，詩、書、禮、樂之教，蔬、果、魚、肉之食，皆孔氏之教也，伏羲、神農、黃帝、堯、舜所傳也。凡地球內之國，靡能外之。其戒肉不食，戒妻不娶，朝夕膜拜其教祖，絕四民之業，拒四術之學，去鬼神之治，出乎人情者，皆佛氏之教也。耶穌、馬哈麻、一切雜教皆從此出也。聖人之教，順人之情，陽教也；佛氏之教，逆人之情，陰教也。故曰：理惟有陰陽而已。」〔註12〕由此看來，對於教分陰陽來說，孔教順人之情，屬陽教，與逆人之情的佛教對立；屬於陽教的孔教是人道教，孔教的具體內容與「立國家，治人民」相對應，從「君臣、父子、夫婦、兄弟之倫，士、農、工、商之業」到「詩、書、禮、樂之教，蔬、果、魚、肉之食」皆在其中。對孔教內容的界定將康有為的泛宗教傾向推向了極致，因為他所講的孔教不僅包括「鬼、神、巫、祝之俗」等宗教方面的內容，而且包括倫理、政治、經濟和教育等多種內容，可謂是文化的泛稱。

〔註11〕《日本書目志》卷三，《康有為全集》（第三集）中國人民大學出版社 2007 年版，第 297～298 頁。

〔註12〕《康子內外篇》，《康有為全集》（第一集）中國人民大學出版社 2007 年版，第 103 頁。

不難看出，康有為對宗教概念的界定、理解和闡發與他的孔教觀息息相關，正如用孔教稱謂孔子之學就是為了彰顯其宗教意蘊一樣，孔教的稱謂證明他心目中的孔子之學就是一種宗教。對於這一點，康有為稱孔子是教主，梁啟超有時尊稱康有為是孔教的教主，有時讚揚康有為是孔教的馬丁·路德即是明證。康有為提議立孔教為國教，這時的孔教即屬於宗教——不僅具有宗教信仰，而且具有宗教儀式或教階制度，宗教的要件一應俱全。可以作為佐證的還有，鑒於康有為的宗教熱情以及對宗教的研究，梁啟超稱康有為是宗教家。在為康有為作傳時，梁啟超專門闢《宗教家之康南海》一章，對康有為的宗教思想予以介紹。對於自己這樣做的理由，梁啟超給出的解釋是：「先生又宗教家也。吾中國非宗教之國，故數千年來，無一宗教家。」〔註13〕這個說法明確認定康有為是宗教家，也反過來證明了康有為的孔教概念是在宗教的意義上使用的。

值得注意的是，與泛宗教傾向密切相關，康有為所使用的孔教概念具有宗教內涵卻並不專指宗教，也不特指孔子創立的儒家思想即儒教，而是泛指全部中國傳統文化。可以看到，他將全部中國本土文化稱為孔教，以與佛教代表的印度文化和基督教代表的西方文化相對應，如「印度以佛紀年，歐洲以耶穌紀年，中國紀元起於孔子」〔註14〕等。正由於孔教是作為全部中國本土文化出現的，所以，孔教之「教」具有宗教之教的意蘊卻不限於宗教之教，而是與當下通用的文化概念大致相當。儘管如此，由於康有為以孔教稱謂全部中國本土文化，致使其宗教意蘊急劇凸顯，最終導致泛宗教傾向。

二、梁啟超的由孔教而佛教

梁啟超的思想以多變著稱於世，善變特徵在他對宗教的選擇和對宗教的態度上充分體現出來，他對於孔教和宗教的看法也不例外。可以肯定的是，梁啟超關注歷史學和人生哲學，致使宗教沒有了統領全部文化或成為文化基本形態的可能性。大致說來，梁啟超經歷了一個先跟隨康有為信奉孔教，而後反思宗教，再後來皈依佛教，最後歸於道教的嬗變歷程；這一心路歷程反映到對待宗教的態度上便是：先以宗教塑造中國人的腦質，激發信仰；後來轉而指責

〔註13〕《南海康先生傳》，《梁啟超全集》（第一冊）北京出版社 1999 年版，第 486 頁。

〔註14〕《萬木草堂口說·諸子》，《康有為全集》（第二集）中國人民大學出版社 2007 年版，第 177 頁。

宗教禁錮人之精神，與自由相悖；再後來宣稱佛教以最縝密的認識，尋求人的精神解放和自由；最後傾心道教，嚮往天遊。

戊戌維新前後的梁啟超秉持師說，認同康有為將孔子之學稱為孔教，憑藉保教（孔教）來保國、保種的做法。這一時期，梁啟超不僅堅信康有為宣揚的孔教是孔子之真教——而不像後來那樣與其他人一起指責康有為的孔教是「康教」，而且堅信通過保教（孔教）能夠達到保國、保種的目的。有鑑於此，梁啟超對康有為的孔教主張亦步亦趨，在公開場合申明自己「述康南海之言」。正是在這個意義上，他宣稱：「凡一國之強弱興廢，全繫乎國民之智識與能力，而智識能力之進退增減，全繫乎國民之思想。思想之高下通塞，全繫乎國民之所習慣與所信仰，然則欲國家之獨立，不可不謀增進國民之識力，欲增進國民之識力，不可不謀轉變國民之思想。而欲轉變國民之思想，不可不於其所習慣所信仰者。為之除其舊而布其新，此天下之公言也。泰西所以有今日之文明者，由於宗教革命，而古學復興也。蓋宗教者，鑄造國民腦質之藥料也。我支那當周秦之間，思想勃興，才智雲湧，不讓西方之希臘。而自漢以後，二千餘年，每下愈況，至於今日，而衰萎愈甚。遠出西國之下者，由於誤六經之精意，失孔教之本旨，賤儒務曲學以阿世，君相託教旨以愚民，遂使二千年來孔子之真面目湮而不見，此實東方之厄運也。故今欲振興東方，不可不發明孔子之真教旨，而南海先生所發明者，則孔子之教旨。」〔註15〕由此可見，此時的梁啟超是從積極意義上評價宗教的，故而將「鑄造國民腦質」，激發中國人的信仰和情感，以此凝聚民族精神的全部希望統統寄託於宗教，而他所信憑的宗教就是康有為發明的孔教。

在這一時期，梁啟超不僅以發明孔子之真教旨為己任，而且將這一宗旨貫徹到一切學術之中。例如，他說道：「吾請語學者以經學：一當知孔子之為教主；二當知六經皆孔子所作；三當知孔子以前有舊教（如佛以前之婆羅門；）四當知六經皆孔子改定制度以治百世之書；五當知七十子後學，皆以傳教為事；六當知秦漢以後，皆行荀卿之學，為孔教之孽派；七當知孔子口說，皆在傳記，漢儒治經，皆以經世；八當知東漢古文經，劉歆所偽造；九當知偽經多掇拾舊教遺文；十當知偽經既出，儒者始不以教主待孔子；十一當知訓詁名物，為二千年經學之大蠹，其源皆出於劉歆；十二當知宋學末流，束身自好，有乖

〔註15〕《論支那宗教改革》，《梁啟超全集》（第一冊）北京出版社 1999 年版，第 263 頁。

孔子兼善天下之義。請言讀子：一當知周秦諸子有二派，曰孔教，曰非孔教；二當知非孔教之諸子，皆欲改制創教；三當知非孔教之諸子，其學派實皆本於六經。四當知老子、墨子為兩大宗；五當知今之西學，周秦諸子多能道之；六當知諸子弟子，各傳其教，與孔教同。七當知孔教之獨行，由於漢武之表章六藝，罷黜百家。……請言史學：一當知太史公為孔教嫡派；二當知二千年政治沿革，何者為行孔子之制，何者為非孔子之制；三當知歷代制度皆為保王者一家而設，非為保天下而設，與孔孟之義大悖。」〔註16〕在這裡，無論是梁啟超對孔教的態度還是對孔教的認定都與康有為如出一轍——「一當知孔子之為教主；二當知六經皆孔子所作」等更是對康有為思想的直接轉述。

　　戊戌變法失敗逃亡日本之後，梁啟超接觸到大量西方的社會、政治學說，思想發生巨大轉變。思想巨變之後的他對康有為的思想不再是先前亦步亦趨的轉述和闡發，而是與康有為的思想分歧日顯。隨之而來的是，梁啟超對宗教的態度發生巨大變化，由先前的倚重宗教而開始批判宗教。此時的梁啟超一改往日對宗教的態度，轉而指責宗教禁錮人心，與自由背道而馳。基於這種認識，梁啟超非但不再支持康有為通過保孔教來保國、保種的做法，反倒對之極力反駁。例如，他在寫給老師——康有為的信中一針見血地指出：「至先生謂各國皆以保教，而教強國強。以弟子觀之，則正相反。保教而教強，固有之矣，然教強非國之利也。歐洲拉丁民族保教力最強，而人皆退化，國皆日衰，西班牙、葡萄牙、意大利是也。條頓民族如英、美、德各國，皆政教分離，而國乃強。今歐洲之言保教者，皆下愚之人耳，或憑藉教令為衣食者耳。實則耶教今日亦何嘗能強，其漸滅可立而待矣。哲學家攻之，格致學攻之，身無完膚，屢變其說，以趨時勢，僅延殘喘，窮遁狼狽之狀，可笑已甚，我何必更尤而傚之。且弟子實見夫歐洲所以有今日者，皆由脫教主之羈軛得來，蓋非是則思想不自由，而民智終不得開也。倍根、笛卡兒、赫胥黎、達爾文、斯賓塞等，轟轟大名，皆以攻耶穌教著也，而其大有造於歐洲，實亦不可誣也。」〔註17〕按照梁啟超的說法，由於壓制人的自由，禁錮人的思想，宗教已經成為當今世界哲學家、科學家共同鳴鼓而擊之的對象。宗教的尷尬境地表明，通過保教來保國、保種的設想是行不通的，西班牙、葡萄牙和意大利

〔註16〕《〈西學書目表〉後序》，《梁啟超全集》（第一冊）北京出版社 1999 年版，第86 頁。

〔註17〕《致康有為》，《梁啟超全集》（第十冊）北京出版社 1999 年版，第 5936 頁。

等拉丁國家的境遇便是明證；相反，只有政教分離，國家才能富強，英國、美國和德國便是學習的榜樣。

　　基於這種認識，梁啟超對於中國的規劃沿著與康有為不同的方向展開，基本宗旨和具體辦法則是推崇自由，「揭孔教之缺點」。他在給康有為的信中寫道：「弟子以為欲救今日之中國，莫急於以新學說變其思想（歐洲之興全在此），然初時不可不有所破壞。孔學之不適於新世界者多矣，而更提倡保之，是北行南轅也。先生所示自由服從二義，弟子以為行事當兼二者，而思想則惟有自由耳。思想不自由，民智更無進步之望矣。先生謂弟子故為立異，以避服從之義，實則不然也。其有所見，自認為如此，然後有利益於國民，則固不可為違心之論也。……弟子意欲以抉破羅網，造出新思想自任，故極思沖決此範圍，明知非中正之言，然今後必有起而矯之者，矯之而適得其正，則道進矣。即如日本當明治初元，亦以破壞為事，至近年然後保存國粹之議起。國粹說在今日固大善，然使二十年前而昌之，則民智終不可得開而已。此意弟子懷之已數年，前在庇能時與先生言之，先生所面責者，當時雖無以難，而此志今不能改也。頃與樹園、慧儒、覺頓、默廠（樹園番禺人，名文舉即捫虱談虎客。慧儒名奎，新會人。湯覺頓、陳默廠四人皆萬木草堂弟子——原初稿批註。）等思以數年之功著一大書，揭孔教之缺點，而是正之，知先生必不以為然矣。」〔註18〕在這裡，梁啟超提出的拯救中國的方案是以新學改變中國人的舊思想，而不是保守中國固有的孔教或舊思想。而他所講的新思想以自由為核心和宗旨，理由是：思想上不自由，民智便無法進步。沿著這個思路，梁啟超針對康有為基於服從與自由的張力而對自由的排斥特意強調，自由與服從並行不悖，行動上固然應該自由與服從兼顧，思想上則惟有自由。更有甚者，為了提倡精神自由，滌蕩中國人的舊思想、舊觀念，梁啟超不惜以破壞為手段，「明知非中正之言」還大力鼓吹，是因為「意欲以抉破羅網，造出新思想自任」；至於其中的不正之處無暇自顧，只能期待後來者「起而矯之」。這是梁啟超所執往往前後矛盾的原因，並為康有為、嚴復所詬病，卻從一個側面反映了梁啟超當時宣傳自由的心情之迫切和態度之決絕。在這個前提下，梁啟超對孔教的熱情急劇減弱，甚至開始公開反對康有為立孔教為國教的做法。

　　作為思想轉變的直接後果和集中反映，此時的梁啟超不認同康有為以孔教來整合中國本土文化的做法，也不同意康有為將孔子之教稱為宗教。儘管如

〔註18〕《致康有為》，《梁啟超全集》（第十冊）北京出版社 1999 年版，第 5936 頁。

此，梁啟超並不反對宗教本身，或者說，他並沒有因而徹底與宗教隔絕。事實上，此時的梁啟超捨棄了原先心儀的孔教，卻找到了佛教。結合梁啟超後來的思想可以看到，他對宗教採取了兩條相應措施：一是為孔子和孔教祛魅，一是推尊佛教。

出於為孔教祛魅的目的，梁啟超將孔子的思想與宗教剝離。為此，他一面作《評非宗教同盟》《論佛教與群治之關係》《論宗教家與哲學家之長短得失》《保教非所以尊孔論》等專題性文章，通過界定宗教概念的內涵和區分宗教家與哲學家的不同作用，雙管齊下，以期劃清宗教與哲學之間的界限；一面從教育思想、人生哲學等不同角度詮釋孔子思想，撇清孔子思想與宗教的關係。在此過程中，針對康有為孔教概念的寬泛、模糊所帶來的對孔學及儒家思想的誤導，梁啟超代之以儒學、儒家道術、儒家哲學或儒家文化等概念，試圖將儒學、孔學與宗教分別開來。伴隨著這些概念而來的是，梁啟超視界中的孔子與釋迦牟尼、華盛頓等或宗教家或政治家相提並論，主要身份卻不再是宗教（孔教）的教主，當然也不再被獨尊。為了將儒學、孔學與宗教相剝離，梁啟超甚至宣稱孔教之教不是教化之教，更不是宗教之教，而是專指教育之教。因此，孔子不是宗教家，也不是哲學家，而是專門的教育家。

在否定孔子的思想是宗教的前提下，梁啟超對佛教投入了極大的熱情。出於對佛教的推崇備至、頂禮膜拜，梁啟超推出了一大批佛教研究成果：《中國佛法興衰沿革說略》《佛教之初輸入》《印度佛教概觀》《佛陀時代及原始佛教教理綱要》《佛教與西域》《又佛教與西域》《中國印度之交通》《佛教教理在中國之發展》《翻譯文學與佛典》《佛典之翻譯》《讀異部宗輪論述記》《說四阿含》《說〈六足〉〈發智〉》《說大毗婆沙》《讀修行道地經》《那先比丘經書》《佛家經錄在中國目錄學之位置》《見於高僧傳中之支那著述》《大乘起信論考證序》《佛教心理學淺測》《支那內學院精校本玄奘傳書後》《大寶積經迦葉品梵藏漢文六種合刻序》，凡此等等，不一而足。這些成果既有對佛教歷史的鉤沉索隱，也有對佛教經典的考證、整理和解讀。除此之外，梁啟超對佛教教義的詮釋或發揮更是比比皆是，其中最著名的有：《論佛教與群治之關係》《說無我》《說希望》《論宗教家與哲學家之長短得失》《余之死生觀》《國家運命論》等等。

自從推崇佛教後，梁啟超對佛教的提倡、宣傳可謂不遺餘力。從根本上說，他對佛教的熱衷有個人情感方面的原因，更主要的則是出於救亡圖存的動機。

必須說明的是，對佛教的推崇出於救亡圖存的現實需要和宗旨是近代哲學家的一致性。為此，他們都強調佛教的入世性，梁啟超也不例外。在這方面，他把「入世而非出世」說成是佛教信仰的基本特徵，就是為了利用佛教達到入世、治世和救世的目的。為了將佛教的治事功能發揮到極致，梁啟超從不同角度對佛教教義予以詮釋和改造。其中，最為引人注目的是，他利用佛教尋求精神自由，使佛教兼具救亡與啟蒙的雙重功能。梁啟超評價他的老師說：「康有為本好言宗教，往往以己意進退佛說。」〔註19〕其實，這不是康有為一個人的態度和做法，而是代表了近代崇佛者共同的學術導向，其中的典型代表便是梁啟超本人。梁啟超崇佛，重要的一條就是認為佛教信仰「智信而非迷信」。基於對佛教的這種理解，他憑著好惡、隨著需要對佛教的眾多派別自由出入。與此相聯繫，梁啟超不再遵循固定不變的佛教經典，而是根據自己的好惡和現實鬥爭的需要對佛教理論各取所需。他不僅不再拘泥於佛教的經典及佛教理論的原初本意，而且對之進行大膽的取便發揮。

　　梁啟超認為，佛教是建立在極其縝密的認識論之上的，其全部宗旨就是要人通過悟信，進而求「最大之自由解放」。對此，他論證並解釋說：「況釋迦之為教，與一般宗教不同，一般宗教，大率建設於迷信的基礎之上。佛教不然，要『解信』、『要悟信』，（因解得信因悟得信）釋迦唯一目的在替眾生治病。但決不是靠神符聖水來治，決不是靠《湯頭歌訣》來治，他是以實際的醫學為基礎，生理解剖，病理……等等一切都經過科學的嚴密考察、分析、批評。……就這一點論，釋迦很有點像康德，一面提倡實踐哲學，一面提倡批判哲學，所以也可以名佛教為『哲學的宗教』。……質而言之，佛教是建設在極嚴密極忠實的認識論之上。用巧妙的分析法解剖宇宙及人生成立之要素及其活動方式，更進而評判其價值，因以求得最大之自由解放而達人生最高之目的者也。」〔註20〕至此，梁啟超得出結論，佛教以自由為宗旨。於是，信憑佛教尋求自由成為梁啟超的畢生追求。

　　進而言之，康有為、梁啟超對宗教的不同界定和態度分歧與新的學科分類有關：一方面，宗教、文化和哲學等西方學科分類框架內的新學科剛剛傳入，內涵和外延尚不明確。這些新學科、新概念作為舶來品對於中國人來說既新

〔註19〕《清代學術概論》，《梁啟超全集》（第五冊）北京出版社 1999 年版，第 3105 頁。

〔註20〕《佛陀時代及原始佛教教理綱要》，《梁啟超全集》（第七冊）北京出版社 1999 年版，第 3744 頁。

鮮，又陌生。另一方面，由於中國原有的經、史、子、集的劃分系統中找不到與宗教、哲學等相對應的學科，這些學科的位置成為懸而未決的問題，產生分歧在所難免。與此同時，教在中西文化語境中的內涵迥然相異，從而更增加了問題的複雜性：在中國本土文化中，教指教化，涵蓋倫理、政治、教育等諸多社會科學和人文科學領域，與西方文化中的宗教概念或學科不可同日而語。盡管如此，不論是對西方文化的陌生還是新的學科分類的引入都使康有為、梁啟超尚無法對中西語境中的教予以準確區分，故而導致宗教概念的混亂，或者對宗教的態度不穩定。

康有為、梁啟超所講的宗教除了對於宗教的「抽象」界定和理解外，還包括對各種宗教形態的態度。其中，不僅牽涉孔教、基督教，而且包含佛教。除了在基督教問題上並無分歧之外，康有為、梁啟超宗教思想的分歧不僅表現在對孔教的理解和態度上，而且體現在對佛教的認識和態度上。誠然，正如康有為所講的孔教中容納了佛教的思想要素一樣，梁啟超所講的國學中包含有佛教的內容，佛教甚至與儒家思想一樣成為「德性學」的主幹內容。必須注意的是，盡管兩人都利用、吸收佛教的思想內容，對佛教的態度卻相去甚遠：主張立孔教為國教的康有為宣稱孔教與佛教「相反」，卻在大同社會讓佛教大行其道；與康有為的矛盾態度迥異其趣，梁啟超聲稱「佛教是全世界文化的最高產品」〔註21〕。這使佛教成為宣傳自由的理論武器，也成為國學的基本內容。按照他的說法，佛教傳入中國後與中國本土文化相和合，已經成為中國固有文化的一部分，理所當然地屬於中國固有之學，故而是國學。為了說明佛教是國學的一部分，屬於中國本土文化，梁啟超特意指出，佛教產生於印度，卻發達、鼎盛於中國，華嚴宗、天台宗、唯識宗和禪宗等佛教的著名宗派無一不是中國人的發明。因此，佛教就是中國的國學。為了凸顯這一點，梁啟超尤為喜歡將禪宗稱為「我們的禪宗」。

問題的關鍵是，宗教概念的歧義叢生不僅影響了康有為、梁啟超對孔教的理解和態度，而且影響著兩人對於佛教的定位和態度。在對待佛教的態度上，康有為、梁啟超都是矛盾的，矛盾的具體表現卻各不相同：康有為一面出於立孔教為國教的現實考量和政治需要肯定孔教與佛教「相反」，一面難以按捺對佛教的好感，乃至大同社會中孔教當捨，而佛教可以大行其道。梁啟超的矛盾

〔註21〕《治國學的兩條大路》，《梁啟超全集》（第七冊）北京出版社 1999 年版，第4071 頁。

在於：一面斷言宗教與人的自由相悖，禁錮民智而排斥宗教；一面推崇佛教，並借助佛教鼓吹精神自由。對此，人們不禁要問：佛教是否是宗教？為此，梁啟超特意作《論佛教與群治之關係》，文中明確認定佛教信仰具有其他宗教所沒有的六大優點，這些優點分別是：「智信而非迷信」「兼善而非獨善」「入世而非厭世」「無量而非有限」「平等而非差別」和「自力而非他力」〔註22〕。在梁啟超所對舉的特點中，如果說前者是佛教的特性的話，那麼，後者則是宗教的特性。佛教區別於其他宗教的這些特點共同證明了佛教不是宗教——至少不可以將佛教與一般宗教等量齊觀。更有甚者，為了以示佛教與宗教的區別，梁啟超在某些場合稱佛教為佛法。

至此，戲劇性的一幕出現了：原本在中國傳承了幾千年、並非專以宗教面目示人的孔教在康有為的視界中成了宗教，從一開始在中國出現就是專門宗教的佛教在梁啟超的論證中卻不是宗教——至少不可與一般宗教等量齊觀。這淋漓盡致地暴露了康有為、梁啟超判定宗教的隨意性以及隨之而來的宗教概念的隨意性，也預示了宗教概念的歧義叢生和聚訟紛紜。救亡圖存的現實性和理解詮釋的隨意性是康有為、梁啟超界定、理解宗教的共同點，與之相伴的是兩人的泛宗教傾向。之所以如此，最根本的原因則在於梁啟超剪不斷理還亂的宗教情結：一方面，為了反對基督教，也出於對宗教與科學、宗教與自由相悖的認識，梁啟超對宗教含有微詞，而不像康有為那樣由始至終對宗教寄予厚望，頂禮膜拜。從這個意義上說，梁啟超對宗教的微詞乃至排斥與康有為矢志不渝的宗教情結迥異其趣。另一方面，無論是梁啟超指責宗教與科學相左還是宗教與自由相悖，理由都是宗教的本質是信仰，禁錮人的智識和自由。問題的糾結之處恰恰在於，宗教與人的情感好惡和價值取向等信仰問題密切相關，梁啟超對宗教懷有本能的好感，將鼓動愛國熱情、激發熱度情感的希望寄託於宗教。受制於對宗教的這種矛盾心態，他一面在前門反對作為宗教的基督教，一面從後門請出了作為宗教的佛教；一面在基督教——包括早先推崇的孔教是宗教的前提下，抨擊其與科學、自由相悖；一面在淡化佛教的宗教性的前提下，借助其淨化人心，倡導精神自由。於是，儘管不同意康有為借助孔教而將宗教視為國學的基本形態和主體內容，然而，梁啟超卻在國學中為佛教留下了重要一席，對佛教推崇備至表明了他對宗教難以抑制的好感乃至膜拜。

〔註22〕《論佛教與群治之關係》，《梁啟超全集》（第二冊）北京出版社 1999 年版，第 906～909 頁。

　　由於中國近代的第一個國學稱謂是孔教，國學一出現就與宗教糾纏在一起。康有為以孔教作為國學的稱謂如此，反對將國學內容歸結為孔教的梁啟超也是如此。康有為、梁啟超關於國學與宗教關係的爭議在三個向度展開：第一，國學的基本形態或主體內容是否是宗教？對於這個問題，康有為的回答是肯定的，梁啟超卻作出了否定回答。第二，孔子之學即孔教是否是宗教？與對第一個問題的看法一脈相承，康有為以孔教稱謂中國本土文化，意味著孔教（宗教）是國學的基本形態和內容。梁啟超否認國學的基本形態是宗教，對孔子之學是否是宗教的看法前後之間大相徑庭：雖然梁啟超在戊戌維新前後與康有為一樣承認孔教是宗教，但是，梁啟超不同意康有為以孔子之學稱謂全部中國本土文化而代表國學的做法；後來，梁啟超在承認孔子思想是宗教、孔子是宗教家的前提下，強調宗教家不足以言孔子。第三，如何理解宗教的定義和作用？康有為肯定孔子之學是宗教，迫於西方基督教的強勢入侵，出於以教治教的目的。這種歷史背景、文化語境和立言宗旨決定了他是在肯定的意義上斷言孔教是宗教的，所看中的是宗教凝聚人心的作用，並不十分在意宗教的內涵。梁啟超在釐清宗教內涵的基礎上反對立孔教為國教，對宗教的界定卻與康有為異曲同工，即與康有為一樣將信仰與宗教相提並論。對於宗教，梁啟超給出的定義是：「『宗教是各個人信仰的對象。』……對象有種種色色，或人，或非人，或超人，或主義，或事情。只要為某人信仰所寄，便是某人的信仰對象……信仰有兩種特徵：一是，信仰是情感的產物，不是理性的產物。二是，信仰是目的，不是手段；只有為信仰犧牲別的，斷不肯為別的犧牲信仰……從最下等的崇拜無生物、崇拜動物起，直登最高等的如一神論，無神論，都是宗教。他們信仰的對象，或屬『非人』，如蛇、如火、如生殖器等等；或屬『超人』，如上帝、天堂、淨土等等；或屬『人』，如呂祖、關公、摩訶末、耶穌基督、釋迦牟尼等。不惟如此，凡對於一種主義有絕對信仰，那主義便成了這個人的宗教。」〔註23〕由此可見，儘管梁啟超對宗教的具體理解與康有為有別，卻與康有為一樣歸一切信仰於宗教，最終對宗教持肯定態度，故而導致信仰與宗教相混。更有甚者，梁啟超在這方面比康有為走得更遠，以至於將人列為信仰對象，聲稱對於戀愛的人來說，戀愛的對象就是彼此的宗教。對於宗教的作用，康有為始終在肯定的意義上理解宗教，終身為立孔教為國教而奔走呼號，並且期待

〔註23〕《評非宗教同盟》，《梁啟超全集》（第七冊）北京出版社 1999 年版，第 3966 ～3967 頁。

通過保教來保國、保種；梁啟超看到了宗教與信仰的密切相關，更多的則是突出宗教對人心智、自由的束縛和禁錮。換言之，對宗教作用的認識是康有為具有宗教情結，以宗教言國學，教學相混的原因；也是梁啟超提倡自由，講國學時呼籲走以歷史為主的「文獻學」和以人生哲學為主的「德性學」兩條大路的原因所在。

第三節　世界藍圖與中國策略

如果說孔教與國學的關係和對宗教的不同態度尚側重於理論層面的話，那麼，康有為、梁啟超救亡圖存的具體方案則直接指向現實領域和實踐層面。對這一問題的設想不僅展示了兩人不同的價值旨趣和政治主張，而且暴露了戊戌變法領導層內部的分歧。

一、平等與自由

自由、平等是中國近代的價值追求和時代風尚，康有為、梁啟超在這方面與其他近代哲學家是一致的。在這個前提下尚須進一步澄清的是，兩人的行為追求和價值旨趣呈現出明顯差異，對自由、平等具有不同側重。一言以蔽之，康有為推崇平等，將平等提升為宇宙本原，斷言平等是放之四海而皆準的普遍法則；梁啟超則崇尚自由，宣稱自由是人與生俱來的天賦之權，神聖而不可侵犯。

1. 康有為的平等路徑

作為中國近代著名的啟蒙思想家，康有為開創了平等的啟蒙路徑；這一理論視界和政治抉擇拉近了康有為與譚嗣同之間的思想距離，卻顯示出與同為戊戌啟蒙四大家的嚴復、梁啟超之間的學術分歧。

首先，康有為對平等倍加推崇。

為了提升平等的地位和權威，康有為將平等與世界本原——仁聯繫起來，致使平等成為宇宙法則。在這方面，他的具體做法分兩步走：第一步，宣稱仁為天地萬物的本原。康有為宣布：「仁也，電也，以太也，人人皆有之。……為萬化之海，為一切根，為一切源。」〔註24〕這就是說，仁是「萬化之海」，

〔註24〕《孟子微》，《康有為全集》（第五集）中國人民大學出版社 2007 年版，第 414 頁。

作為推動世界運動、變化的總根源，是宇宙的真正主宰；仁「為一切根，為一切源」，是世界萬殊乃至人類的最終本原。第二步，斷言平等是仁的題中應有之義。被康有為奉為世界本原的仁被注入了近代的價值訴求和時代氣息，最明顯的表現是仁的基本內涵是平等。為此，他沿襲漢儒的訓詁方法凸顯仁的相偶之義，指出仁在本質上不是「私德」而是「公德」，是標誌人與人關係的範疇。對於仁的內涵是平等，康有為不止一次地聲明：

> 仁之極，所謂平等者。〔註25〕

> 至平無差等，乃太平之禮，至仁之義。〔註26〕

其次，鑒於仁的本原地位，康有為對平等格外關注，成為中國近代重平等的啟蒙思想家。更為重要的是，康有為提升平等的地位和價值並不只是基於理論興趣，而是為了解決中國近代社會的現實問題，為中國尋求救亡圖存的出路。

循著平等的思路和邏輯，康有為對中國社會內部上下隔絕的現實狀況多有關注並且深惡痛絕，同時將中國近代的貧困衰微歸結為中國社會內部的等級森嚴以及由此導致的嚴重不平等。對此，康有為一再揭露說：

> 故君與臣隔絕，官與民隔絕，大臣小臣又相隔絕，如浮屠百級，級級難通，廣廈千間，重重並隔。〔註27〕

> 考中國敗弱之由，百弊叢積，皆由體制尊隔之故。……如浮屠十級，級級難通；廣廈千間，重重並隔。譬咽喉上塞，胸膈下滯，血脈不通，病危立至固也。〔註28〕

可以看到，上下隔絕、嚴重不平等是康有為對中國社會的現實審視，也是他變法維新最先要解決的問題，所以在上光緒帝的奏摺中反覆提及。與側重從上下隔絕的角度審視中國社會的現實狀況、剖析中國衰微的根源一脈相承，他將中國現實的苦難歸結為不平等，斷言消除各種不平等而臻於平等是拯救中

〔註25〕 《南海師承記·講仁字》，《康有為全集》（第二集）中國人民大學出版社 2007 年版，第 227 頁。

〔註26〕 《禮運注》，《康有為全集》（第五集）中國人民大學出版社 2007 年版，第 554 頁。

〔註27〕 《上清帝第二書》，《康有為全集》（第二集）中國人民大學出版社 2007 年版，第 44 頁。

〔註28〕 《上清帝第七書》，《康有為全集》（第四集）中國人民大學出版社 2007 年版，第 29～30 頁。

國的必由之路。這用康有為本人的話說便是：「吾救苦之道，即在破除九界而已。」〔註29〕「九界」是他對現實社會中存在的各種等級和不平等狀況的概括，具體包括國界、種界、形界、類界、級界、家界、業界、亂界和苦界。按照康有為的說法，「九界」造成了中國與外國的不平等和中國社會內部的上下隔絕，劃除「九界」是中國的唯一出路。確立了這個方向之後，他具體設計了通往平等的具體步驟和方案，將「男女平等各自獨立」視為平等的第一步和解決中國問題的切入點，詳細規劃了通過解除婚姻、男女平等而「毀滅家族」，徹底廢除私有制，最終進入絕對平等、毫無差別的大同社會的操作步驟。康有為所追求的平等是消除各種差異的絕對平均，這使消滅家庭、取消國家的大同社會成為平等的最高境界。

再次，由於將男女平等視為平等的第一步，或者說，由於對男女平等極為關注，康有為對男女平等的大聲疾呼令人注目。

在康有為那裏，男女平等不僅關涉男女之間的平等問題本身，而且承載著通過「毀滅家族」、取消國界而進入大同世界的多重意義和使命。這些都預示著男女平等的至關重要和不容忽視，同時表明康有為所講的平等並不限於中國內部，而注定是全球性的。正是在這個意義上，他宣稱：「故全世界人慾去家界之累乎，在明男女平等各有獨立之權始矣，此天予人之權也；全世界人慾去私產之害乎，在明男女平等各自獨立始矣，此天予人之權也；全世界人慾去種界之爭乎，在明男女平等各自獨立始矣，此天予人之權也；全世界人慾致大同之世、太平之境乎，在明男女平等各自獨立始矣，此天予人之權也；全世界人慾致極樂之世、長生之道乎，在明男女平等各自獨立始矣，此天予人之權也；全世界人慾煉魂養神、不生、不滅、不增、不減乎，在明男女平等各自獨立始矣，此天予人之權也；欲神氣遨遊、行出諸天、不窮、不盡、無量、無極乎，在明男女平等各自獨立始矣，此天予人之權也。吾採得大同、太平、極樂、長生、不生、不滅、行遊諸天、無量、無極之術，欲以度我全世界之同胞而永救其疾苦焉，其惟天予人權、平等獨立哉，其惟天予人權、平等獨立哉！」〔註30〕由此可見，康有為所講的平等以男女平等始，以全球平等終。他本人將之稱為始於男女平等、終於眾生平等的「大平等」。有鑑於此，即使不否認康有為呼籲平等具有出於救亡圖存的動機，有一點同樣是不可否認的，那就是：他

〔註29〕《大同書》中州古籍出版社 1998 年版，第 86 頁。
〔註30〕《大同書》中州古籍出版社 1998 年版，第 303 頁。

所規劃的平等是一幅世界藍圖，是為「全世界人」謀劃的。

與此同時，在康有為那裏，平等包括中外平等、種族平等、政治平等、經濟平等和男女平等諸多方面的內容。對男女平等的大聲疾呼使康有為成為近代男女平等的代言人，也從一個側面反映了他對三綱的批判集中於「夫為妻綱」，而放鬆了對直指現實的「君為臣綱」的批判。對此，梁啟超給出了這樣的解釋和理由：「中國倡民權者以先生為首，（知之者雖或多，而倡之者殆首先生）然其言實施政策，則注重君權。以為中國積數千年之習慣，且民智未開，驟予以權，固自不易；況以君權積久如許之勢力，苟得賢君相，因而用之，風行雷厲，以治百事，必有事半而功倍者。故先生之議，謂當以君主之法，行民權之意。若夫民主制度，其期期以為不可。蓋獨有所見，非徒感今上之恩而已。」〔註31〕

2. 梁啟超的自由路徑

與康有為對平等的大聲疾呼相映成趣，梁啟超對自由如饑似渴，對自由的宣傳、鼓吹和謳歌不遺餘力。由此，梁啟超成為推崇自由的戊戌啟蒙思想家。

首先，梁啟超宣稱自由是人與生俱來的天賦權利，熱情讚美自由的意義和價值，以此彰顯自由的神聖性和正當性。

在梁啟超看來，自由是人不可缺少的精神生命，對於人至關重要；作為「權利之表證」，自由是人之所以為人的構成要件。正是在這個意義上，梁啟超一再斷言：

自由者，天下之公理，人生之要具，無往而不適用者也。〔註32〕

自由者，權利之表證也。凡人所以為人者有二大要件：一曰生命，二曰權利，二者缺一，時乃非人。故自由者亦精神界之生命也。〔註33〕

基於這種認識，梁啟超強調，自由對於人與生俱來，是人不可侵犯的天賦權利；喪失自由，人便不成為人。不僅如此，出於對自由的推崇和渴望，他從不同角度對自由予以界定，劃分了自由的種類，介紹了西方的各種自由學說以及與自由相關的社會、政治思想；並且圍繞著救亡圖存的宗旨，反覆申辯自由與民主、權利、義務、責任和服從之間的關係。

〔註31〕《南海康先生傳》，《梁啟超全集》（第一冊）北京出版社 1999 年版，第 495～496 頁。

〔註32〕《新民說》，《梁啟超全集》（第二冊）北京出版社 1999 年版，第 675 頁。

〔註33〕《十種德性相反相成義》，《梁啟超全集》（第一冊）北京出版社 1999 年版，第 429 頁。

其次，梁啟超將自由奉為救亡圖存的不二法門。

梁啟超認為，正如生物有機體的強弱取決於細胞的優劣一樣，中國的衰亡是由於中國人的素質低下，國民無權。個人是構成社會的細胞，國民沒有自由，國家便沒有自由。循著這個思路，要使國家獨立，擁有國權，必須讓國民先享有民權。於是，梁啟超宣稱：「欲使吾國之國權與他國之國權平等，必先使吾國中人人固有之權皆平等，必先使吾國民在我國所享之權利與他國民在彼國所享之權利相平等。若是者國庶有瘳，若是者國庶有瘳。」〔註34〕

再次，與康有為在平等中尋求解決中國問題的出路迥異其趣，梁啟超在對自由的希冀中拯救中國，將中國衰落的原因歸結為國民素質低下，更將通過提高國民的自治能力，賦予國民自由之權奉為改造中國的基本綱領。這用梁啟超本人的話說便是：「新民為今日中國第一急務。」〔註35〕

在將提倡自由、塑造「新民」奉為改造中國的不二法門的基礎上，梁啟超呼籲道德上的「新民」，將自由理解為精神獨立而破除「心奴」或「心奴隸」，斷言擁有獨立人格、自由精神、進取冒險和自治能力是「新民」必備的道德，進而提倡人格獨立、公德觀念、國家思想和民族主義。梁啟超在自由的名義下為了「新民」的需要而提倡公德意識、群體觀念和國家思想，成為中國近代道德啟蒙的傑出代表，也成為「道德革命」的倡導者。儘管如此，鑒於自由與權利、義務的密切相關，他重視國民的資格問題，從而關注個人與群體的關係。為了使中國人能夠更好地行使自己的自由之權，梁啟超與嚴復一樣呼籲提高中國人的素質和自治能力。由此，個人與國家、國民與政府成為梁啟超的基本視域。正因為如此，他的自由主張基本上屬於中國策略，而非世界藍圖或全球規劃。

對自由、平等的宣傳構成了戊戌啟蒙乃至中國近代啟蒙思想的主體內容，也奠定了康有為、梁啟超在中國近代啟蒙思想中不同的學術身份和地位。上述內容顯示，康有為的啟蒙思想可以歸結為平等派，平等貫徹在他的啟蒙思想的方方面面；梁啟超的啟蒙思想可以歸結為自由派，對自由的宣傳、推崇成為近代啟蒙思想中最亮麗的風景。問題的關鍵是，平等與自由之間的分歧決定著康有為、梁啟超對現實社會的不同審視和政治局勢的分析，更決定著兩人對中國出路的不同思考和選擇。換言之，康有為、梁啟超是出於救亡圖存的迫切需要

〔註34〕《新民說》，《梁啟超全集》（第二冊）北京出版社 1999 年版，第 675 頁。
〔註35〕《新民說》，《梁啟超全集》（第二冊）北京出版社 1999 年版，第 655 頁。

尋求平等、自由的,反過來,對平等、自由的不同側重不僅在兩人思想的各個
領域得以貫徹,而且作為思維方式和價值旨趣決定著兩人對現實社會的審視
以及對改造中國方案的選擇。

可以看到,與理論上對平等、自由的不同側重息息相通,在對現實社會的
審視和改造中國的實踐中,康有為、梁啟超推出了兩條不同的啟蒙路徑和救亡
方案:第一,對中國落後原因的追問結果迥然相異。在對中國衰落原因的分剖
析中,儘管康有為、梁啟超都觸及到了三綱以及社會體制問題,彼此之間的具
體看法卻大相徑庭:康有為將中國衰落的原因歸結為上下隔絕、嚴重的不平
等,斷言不能通下情是阻礙中國富強的瓶頸;梁啟超則認定中國人處於沒有權
利的奴隸地位,不能將自己與國家的命運聯繫起來,國民沒有自由以及由此導
致的愛國心缺乏是中國積貧積弱的根源。第二,對中國出路的選擇相去甚遠。
不同的視界和分析決定了並且最終演繹為對不同出路的選擇:正如康有為的
世界主義、大同情結是他的平等路徑的極致表達一樣,梁啟超的「興民權」和
民族主義都是自由主旨的具體貫徹。

二、「開民智」與「興民權」

問題的發現與問題的解決密切相關,發現問題的方法在某種程度上決定
著對問題的發現,以何種方式發現問題、發現何種問題又在某種程度上決定著
以何種方式解決問題。對中國社會的分析和改造中國的方案進一步加大了康
有為與梁啟超之間的分歧,導致兩人改造中國的基本綱領和秉持的價值理念
漸行漸遠。在改造中國的具體方案上,康有為側重「開民智」,梁啟超則呼籲
「興民權」。

必須明確的是,近代啟蒙思想家——特別是戊戌啟蒙四大家都主張「開民
智」,在這個問題上,將「開民智」奉為改造中國三大綱領之一的嚴復自不待
言,康有為也是如此。正是出於「開民智」的需要,康有為從日本轉譯西書,
廣泛引進西方的各種學說。不僅如此,康有為還將智(康有為有時寫作知)說
成是人與禽獸的區別,故而將智視為人之本質。在對人性內容的具體界定上,
他特意強調,智是人類的獨特性,仁甚至包括義、禮在內則是一切生物的共性。
從這個意義上說,智對於人更為重要,因為只有以智言仁,才是人間正道。在
這方面,老子取巧,智而不仁固然不對;墨子仁而不智,同樣貽害匪淺。以慈
悲言仁的佛教,更是將離智言仁的危害推向了極致。正是由於這個原因,孔子

在大多數情況下都仁智並舉，而非仁義並舉。康有為對於這個問題極為重視，從而不止一次地論證並解釋說：

> 物皆有仁、義、禮，非獨人也。鳥之反哺，羊之跪乳，仁也；即牛、馬之大，未嘗噬人，亦仁也；鹿之相呼，蟻之行列，禮也；犬之衛主，義也，惟無智，故安於禽獸耳。人惟有智，能造作飲食、宮室、飲食、衣服，飾之以禮樂、政事、文章，條之以倫常，精之以義理，皆智來也。苟使禽獸有智，彼亦能造作、宮室、衣服，飾之以倫常、政事、禮樂、文章，彼亦自有其義理矣。故惟智慧生萬理。或謂仁統四端，兼萬善，非也。吾昔亦謂仁統義、禮、智、信，與朱子言「義者，仁之斷制；禮者，仁之節文；信者仁之誠實；智者，仁之分別」同。既乃知人道之異於禽獸者，全在智。惟其智者，故能慈愛以為仁，斷制以為義，節文以為禮，誠實以為信。夫約以人而言，有智而後仁、義、禮、信有所呈，而義、禮、信、智以之所為，亦以成其仁，故仁與智所以成終成始者也。昔夫子鮮以仁、義對舉，多以仁、智對舉。〔註36〕

> 孔子多言仁智，孟子多言仁義，然禽獸所以異於人者，為其不智也，故莫急哉！然知而不仁，則不肯下手，如老氏之取巧。仁而不知，則慈悲捨身，如佛氏之眾生平等。二言管天下之道術矣。孔子之仁，專以愛人類為主；其智，專以除人害為先。此孔子大道之管轄也。〔註37〕

與對智的崇尚以及智對於人的至關重要的認識密切相關，康有為多次在給光緒帝的上書中提出中國的弊政是上下隔絕、不通外情，並且對症下藥，提出了「開民智」的藥方。這就是說，「開民智」、通外情是康有為始終關注的問題，也是他藉此拯救中國危難、通往平等的關鍵所在。

如果說康有為將「開民智」奉為拯救中國的必由之路的話，那麼，梁啟超則在對「開民智」寄予厚望的同時，呼籲「興民權」，甚至將「開民智」理解為「興民權」的需要。這就是說，對於「開民智」，梁啟超與康有為之間的認

〔註36〕《康子內外篇》，《康有為全集》（第一集）中國人民大學出版社 2007 年版，第 108 頁。

〔註37〕《春秋董氏學》卷六，《康有為全集》（第二集）中國人民大學出版社 2007 年版，第 393 頁。

識是一致的；呼籲「興民權」則體現了梁啟超在拯救中國這一現實問題上與康有為的根本分歧，也是兩人爭論的焦點。

　　如上所述，梁啟超對自由心馳神往，自由與權利具有內在關聯。因此，與康有為始終將目光聚焦在「開民智」上不同，梁啟超在主張「開民智」的同時，大聲疾呼「興民權」，致使「興民權」成為自由的一部分。對於「興民權」，梁啟超與嚴復一樣看到了民權與民智之間的內在聯繫，卻由於側重從精神上講自由，最終將「廣民智」而非「伸民權」奉為「第一義」。從這個意義上說，與嚴復側重從個人與政府的權限來界定自由，故而將自由界定為法律上賦予的行動自由、政治自由相比，梁啟超的思想較為溫和，向康有為靠近了一大步。儘管如此，梁啟超在「興民權」的問題上與其師康有為是有原則分歧的，兩人也因此發生激烈的爭執乃至思想交鋒。這一點通過梁啟超寫給老師的回信清楚地展示出來，信中說：「夫子謂今日『但當言開民智，不當言興民權』，弟子見此二語，不禁訝其與張之洞之言，甚相類也。夫不興民權則民智烏可得開哉。其腦質之思想，受數千年古學所束縛，曾不敢有一線之走開，雖盡授以外國學問，一切普通學皆充入其記性之中，終不過如機器切成之人形，毫無發生氣象。試觀現時世界之奉耶穌新教之國民，皆智而富；奉天主舊教之國民，皆愚而弱；（法國如路梭之輩，皆不為舊教所囿者，法人喜動，其國人之性質使然也。）無他，亦自由與不自由之分而已。（法國今雖民主，然絕不能自由。）故今日而知民智之為急，則捨自由無他道矣。……故有自治似頗善矣——而所謂不受治於他人者，非謂不受治於法律也。英人常自誇謂全國皆治人者，全國皆治於人者，蓋公定法律而公守之，即自定法律而自守之也。實則仍受治於己而已。蓋法律者，所以保護各人之自由，而不使互侵也。此自由之極則，即法律之精意也。抑以法國革命而謗自由，尤有不可者；蓋自由二字，非法國之土產也。英之彌兒，德之康德，皆近世大儒，全球所仰，其言自由，真可謂博深切明矣。……實覺其為今日救時之良藥，不二之法門耳。……又自由與服從二者相反而相成，凡真自由未有不服從者。英人所謂人人皆治人，人人皆治於人，是也。但使有絲毫不服從法律，則必侵人自由。蓋法律者，除保護人自由權之外，無他掌也。而侵人自由者，自由界說中所大戒也。故真自由者，必服從。」〔註38〕

　　信中內容顯示，梁啟超與康有為爭論的焦點在於「興民權」，對於「開民

〔註38〕《致康有為》，《梁啟超全集》（第十冊）北京出版社1999年版，第5932頁。

智」，兩人的觀點是一致的；爭端在於，康有為只講「開民智」而不講「興民權」，用梁啟超所援引的話說就是「但當言開民智，不當言興民權」。與康有為的做法不同，梁啟超既講「開民智」，又講「興民權」——甚至二相比較，更重視「興民權」。按照梁啟超的理解，不先「興民權」，便無法「開民智」。原因在於，中國民眾受幾千年古學束縛，在這種情況下，縱然輸入西學，亦人云亦云，毫無創新；只有提倡自由，養成獨立思考的自由精神，才可使民智大開。分析至此，他的結論是：「近日而知民智之為急，則捨自由無他道矣。」梁啟超必先「興民權」、才可「開民智」的主張與康有為具有本質區別，也使「興民權」成為兩人思想分歧的焦點。這一分歧表面上呈現為「開民智」與「興民權」的分歧，實質上則是以平等還是以自由來拯救中國分歧的延伸。

三、世界主義與民族主義

　　近代中國的民族主義思想本屬一種舶來品，康有為、梁啟超的引介之功不可忽視。康有為在 1898 年提出過效法德國興辦「國民學」，教授國人所以為國民之道的主張。儘管如此，他的救亡之路歸根結底不是民族主義，而是世界主義、大同主義。與康有為相比，梁啟超對大同主義、世界主義不以為然，卻對民族主義津津樂道、情有獨鍾。於是，大同主義與民族主義成為兩人分歧的焦點之一。

　　康有為與梁啟超的分歧表現在價值理念上便是：前者秉持大同主義、世界主義，後者堅守民族主義、國家主義。康有為將平等的實現寄託於取消國界、全球同一的大同社會，這使取消國家成為進入大同的必經階段和實現平等的前提條件。他之所以主張取消國界，是因為認為國家與家庭一樣是產生各種憂患和苦難的根源，人只有擺脫國家的束縛而「直隸於天」，才能真正享受自主、平等，從而使人生與樂俱來。循著這個邏輯，康有為號召人不做「家人」而做「天人」，不做「國民」而做「天民」。為此，他作《諸天講》，目的就是讓人在明白共生地球的基礎上，瞭解地球只是無數星球中的一顆普通星球，人不應該囿於國家或民族。只有擺脫國家、家庭的拖累而做「天民」，才能成就快樂的人生；反之，做「地上人」與做「家人」或「國民」一樣都是痛苦之源。

　　世界主義與國家主義是康有為與梁啟超的重要分歧。正如梁啟超宣傳自由的初衷是基於社會有機體論而為中國爭取自由一樣，國家主義、民族主義是

梁啟超的價值核心之一。面對民族危機的日益嚴重，他強調，個人與國家密不可分，二者之間是一而二、二而一的關係：如果說個人是小我的話，那麼，民族、國家則是大我。從這個意義上說，愛國、利群就是愛己和利己。對此，梁啟超解釋說：「一人與一人交涉，則內吾身而外他人，是之謂一身之我；此群與彼群交涉，則內吾群而外他群，是之謂一群之我。同是我也，而有大我小我之別焉。有我則必有我之友與我之敵。既曰群矣，則群中皆吾友也。故善為群者，既認有一群外之公敵，則必不認有一群內之私敵。」〔註39〕

基於這種理解，梁啟超將國家思想視為國民資格的第一要義，斷言「有國家思想」是國民區別於部民的標誌。他說道：「部民與國民之異安在？曰：群族而居，自成風俗者，謂之部民；有國家思想，能自布政治者，謂之國民。天下未有無國民而可以成國者也。國家思想者何？一曰對於一身而知有國家，二曰對於朝廷而知有國家，三曰對於外族而知有國家，四曰對於世界而知有國家。」〔註40〕據此可見，所謂國家思想，「一曰對於一身而知有國家」，這一點與康有為鼓吹做「天民」而不做國民的「個人的精神」是背道而馳的；「四曰對於世界而知有國家」，這一點與康有為取消國家的大同理想是針鋒相對的；「三曰對於外族而知有國家」，更是在突出中國近代救亡圖存的歷史使命的同時，高揚了民族主義立場。「民族主義者何？各地同種族、同言語、同宗教、同習俗之人，相視如同胞，務獨立自治，組織完備之政府，以謀公益而御他族是也。」〔註41〕顯而易見，梁啟超所恪守的民族主義就是秉持本民族的價值立場，堅守本民族的種族、語言、宗教和習俗，這與康有為所講的大同社會同一人種、同一語言和同一文化截然相反。遵循民族主義和國家主義的基本原則，梁啟超在宣傳西方社會、政治學說的過程中，有意突出群體意識、公德觀念、國家思想和民族主義。他所發起的「道德革命」，就是針對中國人束身寡過、獨善其身和潔身自好——私德發達而公德缺失的實際情況有感而發的。因此，以國家主義、民族主義、公德意識和群體觀念為核心的公德成為梁啟超提倡的新道德的主體內容和靈魂所在。

梁啟超的上述言論和做法與康有為心儀大同社會，呼籲取消國界、全球一體的世界主義南轅北轍。有鑑於此，對於康有為的世界主義和大同理想，梁啟

〔註39〕《新民說》，《梁啟超全集》（第二冊）北京出版社 1999 年版，第 694 頁。
〔註40〕《新民說》，《梁啟超全集》（第二冊）北京出版社 1999 年版，第 663 頁。
〔註41〕《新民說》，《梁啟超全集》（第二冊）北京出版社 1999 年版，第 656 頁。

超批評說：「先生教育之大段，固可以施諸中國，但其最缺點者有一事，則國家主義是也。先生教育之所重，曰個人的精神，曰世界的理想。斯二者非不要，然以施諸今日之中國，未能操練國民以戰勝于競爭界也。」〔註42〕在梁啟超看來，康有為倚重的「個人的精神」和「世界的理想」都是缺乏國家主義、民族主義的體現，說到底無非是只知有個人之小我，而不知有國家、民族之大我的表現。正因為如此，秉持民族主義和國家主義的價值訴求，梁啟超指出，個人由國而自保，愛國、利群是個人自私、愛己的變相，是博愛的極致。只知愛己而不知愛國是野蠻的表現，超越國界而奢談博愛同樣流於野蠻。

　　基於這種認識，梁啟超批判康有為的世界主義和大同理想充其量只是宗教家的幻想，並不適於身處生存競爭之中而自身難保的中國；對於深陷民族危機之中的中國人來說，「對於世界而知有國家」的國民素質、國家思想尤為重要。對此，他如是說：「所謂對於世界而知有國家者何也？宗教家之論，動言天國，言大同，言一切眾生。所謂博愛主義、世界主義，抑豈不至德而深仁也哉。雖然，此等主義，其脫離理想界而入於現實界也，果可期乎？此其事或待至萬數千年後，吾不敢知，若今日將安取之？夫競爭者，文明之母也。競爭一日停，則文明之進步立止。由一人之競爭而為一家，由一家而為一鄉族，由一鄉族而為一國。一國者，團體之最大圈，而競爭之最高潮也。若曰並國界而破之，無論其事之不可成，即成矣，而競爭絕，毋乃文明亦與之俱絕乎！況人之性非能終無競爭者也，然則大同以後，不轉瞬而必復以他事起競爭於天國中。而彼時則已返為部民之競爭，而非復國民之競爭，是率天下人而復歸於野蠻也。今世學者，非不知此主義之為美也。然以其為心界之美，而非歷史上之美。故定案以國家為最上之團體，而不以世界為最上之團體，蓋有由也。然則言博愛者，殺其一身之私以愛一家可也，殺其一家之私以愛一鄉族可也，殺其一身一家一鄉族以愛一國可也。國也者，私愛之本位，而博愛之極點，不及焉者野蠻也，過焉者亦野蠻也。」〔註43〕

　　上述內容顯示，儘管康有為、梁啟超的思想異同俱見，大致說來，以異為主。兩人的思想之所以呈現出眾多差異乃至分歧，具有性格或表述方面的原因。在這方面，康有為的老成不變與梁啟超的流質易變恰成強烈對比。正

〔註42〕《南海康先生傳》，《梁啟超全集》（第一冊）北京出版社1999年版，第486頁。
〔註43〕《新民說》，《梁啟超全集》（第二冊）北京出版社1999年版，第663～664頁。

如梁啟超在《清代學術概論》中所言：「有為太有成見，啟超太無成見。」〔註44〕這種差別成為康有為、梁啟超思想分歧的潛在原因：一邊是康有為一再對梁啟超的流質易變提出警告和勸誡，一邊是梁啟超一面坦白承認、檢討，一面依舊我行我素，以至於養成終身特質。對此，梁啟超自我剖析說：「吾生性之長短，吾最自知之，吾亦與天下人共見之。要之，鄙人之言其心中之所懷抱，而不能一毫有所自隱蔽，（非直不欲，實不能也。）此則其一貫者也。辛壬之間，師友所以督責之者甚至，而吾終不能改。及一旦霍然自見其非，雖欲自無言焉，亦不可得。吾亦不知其何以如是也，故自認為真理者，則捨己以從；自認為謬誤者，則不遠而復。『如惡惡臭，如好好色』，此吾生之所長也。若其見理不定，屢變屢遷，此吾生之所最短也。南海先生十年前即以流質相戒，諸畏友中，亦頻以為規焉。此性質實為吾生進德修業之大魔障，吾之所以不能抗希古人，弊皆坐是，此決不敢自諱。且日思自克，而竟無一進者，生平遺憾，莫此為甚。」〔註45〕在這裡，梁啟超對於自己的流質易變不是一味地檢討，而是振振有詞，其態度可見一斑。無論梁啟超如何為自己辯解，可以肯定的是，不管出於何種原因，流質易變使梁啟超的觀點和思想變易甚大，以至於前後相互矛盾。於是，由早年「述康南海之言」與康有為思想如出一轍到後來與康有為的思想漸行漸遠，亦在預料之中。盡管如此，從根本上說，康有為、梁啟超思想的差異源於對中國社會的現實審視以及對中國出路的思考和抉擇，與兩人不同的思想來源相關，更多的則由於秉持不同的致思方向和價值旨趣所致。

不同的理論來源和價值旨趣決定了康有為、梁啟超思想的不同內容，從這個角度說，兩人思想的差異乃至分歧是必然的。不僅如此，理論側重和學術興趣的差異又進一步導致了康有為、梁啟超不同的理論建構和學術貢獻，「康、梁學派遂分」似乎不可避免。就歷史定位來看，如果說康有為執著於闡發以《春秋》為核心的六經的微言大義，是經學大師的話，那麼，梁啟超則樂於介紹西方新學，是對西學興趣盎然的宣傳大家。正是由於這個原因，學術界通常將康有為界定為近代公羊學大師，梁啟超對自己的定位則是「新思想界之陳涉」，一中一西恰好印證了兩人迥異其趣的思想來源和學術興趣。康有為與梁啟超

〔註44〕《清代學術概論》，《梁啟超全集》（第五冊）北京出版社 1999 年版，第 3102 頁。

〔註45〕《答和事人》，《梁啟超全集》（第二冊）北京出版社 1999 年版，第 975～976 頁。

之間的思想差異、分歧和不同的歷史定位表明,「康梁」的稱謂只限於政治領域,意指兩人在戊戌變法時期的共同主張和維新訴求,不可將這一稱謂擴展到其他領域或其他時期。如果不加限制地將「康梁」稱謂用以指稱康有為、梁啟超的思想,勢必遮蔽康有為、梁啟超思想的差異性,不利於深入瞭解、把握兩人各自思想的特殊性和獨創性。

第六章　康有為與孫中山比較

　　「大同」一詞最早出現在儒家經典《禮記‧禮運》篇中，是中國人的千年夢想。在近代，康有為、譚嗣同和孫中山等人都對大同思想津津樂道。其中，康有為的《大同書》集中描述了大同社會的理想藍圖，成為近代大同思想的第一種形態。孫中山的大同理想與康有為一樣源自儒家，所不同的是，作為一位革命家和辛亥革命的領導者，他將大同理想與現實的政治鬥爭密切聯繫起來，克服了康有為大同思想的空想性，將大同理想推向了一個前所未有的高度。康有為、孫中山的大同思想異同互見，對二者進行比較便擁有了重要意義：透視其同，有助於深入瞭解近代大同和平等思想的時代內涵；透視其異，可以更加直觀地理解維新派與革命派不同的政治綱領和奮鬥目標。

第一節　大同情結與平等思想

　　平等是中國近代啟蒙思想的核心話題。就現實需要和理論側重而言，儘管近代哲學家所講的平等主體眾多，關注的焦點則始終是中國與外國的國權平等。與提倡平等的初衷是改變中國社會的內部不平等和中外不平等的現狀相聯繫，中國近代的平等不可能只限於中國內部，而必須包括中國與外國的平等；甚至相比較而言，後者更為急切。有鑑於此，在探究諸多平等主體的過程中，他們更關注國家與國家之間的平等。正是出於對國權平等的關注和中國與西方列強平等的期盼，近代哲學家設計、規劃了國與國平等的理想藍圖，大同社會便是這一構想的極致表達。綜觀近代思想可以發現，推崇平等的哲學家均對大同社會樂此不疲。就維新派而言，康有為、譚嗣同代表的平等派對大同社

會津津樂道,而作為自由派代表的嚴復、梁啟超則對大同予以保留乃至含有微詞。不可否認的是,孫中山對大同的嚮往也與對平等的側重相關,心繫大同也成為孫中山與康有為、譚嗣同思想的相同之處,只不過是對大同社會的具體理解以及實現平等的途徑與康有為、譚嗣同大相徑庭而已。

在分析中國積貧積弱的原因時,近代哲學家找到了不同的根源。拿維新派來說,康有為、譚嗣同側重中國社會內部上下隔絕的不平等,進而將推進平等視為拯救中國的不二法門。這使兩人最終都走向了平等派。因循平等思路的康有為、譚嗣同對大同社會倍加關注,這從一個側面印證了平等與大同之間的內在聯繫。

按照康有為的說法,當時的中國在各方面都存在著嚴重的不平等,正是這些不平等造成了中國的落後和衰弱。要救亡圖存,必須在中國提倡和實現平等。有鑑於此,他十分重視平等,將實現平等奉為自己的行動目標和拯救中國的不二法門。《大同書》從政治、經濟、文化、宗教、公益和家庭等各個方面建構了一個絕對平等的世界,書名《大同書》之「大同」即含有絕對平等之義。按照康有為的理解,平、同同義,「大同」即「大」之「同」或「同」之「大」者。取消一切差異而絕對相同、絕對平均,而這正是他所理解的平等。「『同』字、『平』字,先同而後能平。」〔註1〕如此看來,《大同書》之所以彌漫著絕對平均主義的氣氛,就是為了彰顯絕對平等的主題,因為《大同書》以「至公」為要義,而至平、大同才是至公。康有為斷言:「大同之道,至平也,至公也,至仁也,治之至也,雖有善道,無以加此矣。」〔註2〕對於康有為來說,大同與平等相互印證:一方面,平等表現為消滅各種差異的世界大同。為了消滅國與國、種族與種族之間的不平等,他利用古代的大同理想為平等辯護,進而嚮往、提倡天下大同。在康有為看來,將來的世界或者說太平社會就是大同世界,那時全世界取消國家、同一人種、同一文化、同一政治乃至同一語言文字──不僅取消了國家,從根本上剷除了戰爭,而且消除了種族、人種之分,人與人絕對平等。於是,他斷言:「地既同矣,國既同矣,種既同矣,政治、風俗、禮教、法律、度量、權衡、語言、文字無一不同。」〔註3〕這樣的絕對平等社會就是大同世界。另一方面,只有到了大同社

〔註1〕《萬木草堂講義‧中庸》,《康有為全集》(第二集)中國人民大學出版社2007年版,第293頁。

〔註2〕《大同書》中州古籍出版社1998年版,第39頁。

〔註3〕《大同書》中州古籍出版社1998年版,第126頁。

會，才能徹底實現平等：「全世界人類盡為平等，則太平之效漸著矣。」〔註4〕康有為認為，仁最基本的內涵是自由、平等、博愛，大同社會「至仁」，就是絕對平等的樂園。

孫中山將「破除人類之不平等」奉為一切革命的宗旨：「夫世界古今何為而有革命？乃所以破除人類之不平等也。」〔註5〕孫中山提倡三民主義，而三民主義按照他自己的解釋分別對應著自由、平等、博愛。對於三民主義與自由、平等、博愛之間的關係，他以法國大革命的口號為例具體解釋說：「用我們三民主義的口號和法國革命的口號來比較，法國的自由和我們的民族主義相同，因為民族主義是提倡國家自由的。平等和我們的民權主義相同，因為民權主義是提倡人民在政治之地位都是平等的，要打破君權。使人人都是平等的，所以說民權是和平等相對待的。此外還有博愛的口號，這個名詞的原文是『兄弟』的意思，和中國『同胞』兩個字是一樣解法，普通譯成博愛，當中的道理，和我們的民生主義是相通的。因為我們的民生主義是圖四萬萬人幸福的，為四萬萬人謀幸福就是博愛。」〔註6〕由此可見，孫中山的三民主義就是中國本土語境中的自由、平等和博愛。其中，民族主義對應的是自由，民權主義對應的是平等，民生主義對應的是博愛。孫中山領導的民主革命之所以沒有直接以自由、平等、博愛而是以由民族主義、民權主義和民生主義構成的三民主義作為行動綱領是基於中國特殊的國情，不過這並不妨礙三民主義分別對應著自由、平等、博愛，奉行三民主義就是為了將中國改造成自由、平等、博愛的大同社會。與此相一致，對於自己所領導的辛亥革命和民主革命的宗旨，孫中山不厭其煩地表白是為了在中國建立一個自由、平等、博愛的新型國家。對此，他在《軍政府宣言》中解釋說：「我等今日與前代殊，於驅除韃虜，恢復中華之外，國體民生尚當與民變革，雖經緯萬端，要其一貫之精神，則為自由、平等、博愛。」

在這個前提下，必須說明的是，作為孫中山民主革命綱領的三民主義——民族主義、民權主義與民生主義各有側重，分別指向自由、平等、博愛，三者之間絕非並列關係，而是以平等為中心。正如三民主義一言以蔽之即民有、民治、民享一樣，對於國民來說，三民主義主要是使之從不平等之痛苦走向

〔註4〕　《大同書》中州古籍出版社 1998 年版，第 148 頁。
〔註5〕　《三民主義》，《孫中山全集》（第五卷）中華書局 2006 年版，第 185 頁。
〔註6〕　《三民主義‧民權主義》，《孫中山全集》（第九卷）中華書局 2006 年版，第 283 頁。

平等之幸福。孫中山本人對於民族主義、民權主義和民生主義之間的關係的解釋恰好說明了這個問題：「我們革命黨提倡改良中國，何以要行三民主義的革命呢？……像滿清征服中國，英國征服印度，法國征服安南，日本征服高麗，發生本族和異族政權上的不平等。那種不平等的民族要求平等，便用武力來反抗異族，那種對於異族的反抗，便是民族革命。至於政權都掌〈握〉在一種民族的手內，如果執政的人威權過甚，小百姓太沒有能力，便發生有權勢的人和平民之分，政權上還是人人不平等的。平民都要求平等，便要去反抗有權勢的人。那平民對於有權勢的人的反抗，便是民權革命。至於近來人類要求社會上機會平均，貧富相等，便是民生革命。明朝朱元璋〔璋〕推翻元朝，可以說是做到了民族革命，但以後各代專制太過，所以滿清入關，政治寬大，中國人民還是歡迎他。由此可見，本國人專制，也是不對的。但本國人政權上不專制，社會上的貧富，還要平均，才能相安無事，否則還免不了革命。世界上起了這項革命，現在已經成功的，只有俄國。我們觀察古今中外大勢，默想本國將來的情形，要改良成一個完全的中華民國，行一個一勞永逸的方法，所以行了民族主義的革命、民權主義的革命，必須兼顧民生主義的革命。」〔註7〕這明白無誤地表明，孫中山雖然承認民族主義、民權主義和民生主義分別對應著自由、平等和博愛，然而，他從中國的國情出發，對自由、平等、博愛具有自己的獨特理解：民族主義針對「本族和異族政權上的不平等」，是「民族要求平等」；民權主義是在「政權都掌〈握〉在一種民族的手內」的情況下，沒有權利的「平民都要求平等」；民生主義則在政治上實現平等之後，在經濟上實現平等，「機會平均，貧富相等」。這表明，民族主義、民權主義和民生主義最終都可以歸結為平等，平等是三民主義一以貫之的靈魂和核心。

可以作為佐證的是，相對於自由來說，孫中山更為偏袒和重視的還是平等之權。這一點從他對自由的態度中可以更明顯地體現出來。例如，孫中山不止一次地聲稱：

> 夫自由既屬可貴，如空氣然，不得則死。然中西歷史不同，西國政府對於人民，事事干涉，故西人重視自由，有「不自由毋寧死」之說，其歷史之戰爭，多自由之戰爭。若中國則不然，中國個人向

〔註7〕《在廣州歡宴各軍將領會上的演說》，《孫中山全集》（第八卷）中華書局 2006 年版，第 471 頁。

極自由，以其得之極易，故不知寶貴。歷史上為自由而戰者，自秦末一役以後，殆不數數覯。故吾國人之於自由，正患其多，不患其少，何則？個人有自由，則團體無自由故也。吾人既為國民之一分子，又為本黨之一黨員，當犧牲個人之自由，以蘄國家之安全、黨務之發展。吾國自推倒滿清以來，國家尚不能獨立，故華僑之旅居外國者，多受外人壓制，因國家不自由，而個人之自由亦不能保，其害不亦彰昭較著乎？〔註8〕

不過要想救國，必須把自己的長處，用在適當的地方去做，然後才有好成績。若是用之不當，就是以你們現在這樣大的能力，到十年二十年之後，恐怕沒有好成績。從前莊子說：「宋人有善為不龜手之藥者，世世以洴澼絖為事。客聞之，請置其方百金。聚族而謀曰：『我世世為洴澼絖，不過數金，今一朝而鬻技百金，請與之。』以說吳王，越有難，吳王使之將，冬與越人水戰，大破越人，裂地而封之。能不龜手一也，或以封，或不免於洴澼絖，則所用之異也。」這幾句話的意思，就是保護手在冬天不至破裂的那種藥，宋人用之不適當，世世僅供漂布後塗手之用。吳人用之適當，便供水兵冬天耐戰之用，而得一個國家。你們青年會這樣大的能力，如果用得其當，便可以救國。〔註9〕

在這裡，孫中山對於自由闡明了兩點主張：第一，中西國情不同，對於西方珍若生命的自由對於中國來說並不適用。原因在於，西方自古以來就沒有自由，自由彌足珍貴，於是，才有「不自由毋寧死」之說；中國太自由，對於自由「不患其少」而「正患其多」。為了更形象地闡明其中的道理，自由對於中西間的不同情況，他拿《莊子》中不龜手之藥的故事強調指出，自由在中國與在西方引出的後果不同，正如不龜手之藥在不同人的手中具有不同的效用一樣。第二，自由不僅對於中國不適用，反而有害。孫中山與梁啟超等人一樣對個人自由與團體自由作對立解，指出中國之所以不自由，是由於個人太自由——這用孫中山本人的話說便是：「個人有自由，則團體無自由」。

〔註8〕《在廣州國民黨黨務會議的講話》，《孫中山全集》（第八卷）中華書局 2006 年版，第 267 頁。

〔註9〕《在廣州全國青年聯合會的演說》，《孫中山全集》（第八卷）中華書局 2006 年版，第 322～323 頁。

循著這個思路，在中國近代的特殊背景之下，中國的自由要用於為團體爭自由，萬萬不可用到個人身上去。基於這種認識，孫中山對自由予以保留，雖然將三民主義與自由、平等、博愛相提並論，其中的民族主義對應自由，那是就國家與國家之間的國權平等而言的，並不包括個人的自由在內。不僅如此，稍加留意即可發現，在自由、平等、博愛之中，他更強調平等，三民主義的主導精神是平等。於是，孫中山指出：「三民主義的精神，就是要建設一個極和平、極自由、極平等的國家。不但在政治上要謀民權的平等，而且在社會上要謀求經濟上的平等。這樣做去，方才可以免除種種階級衝突、階級競爭的苦惱。」〔註10〕在這裡，孫中山雖然將自由與平等並提，但是，他卻將二者都歸結為平等。由於將個人自由排除在自由之外，孫中山始終以平等（國家與國家、種群與種群之間的平等）來界定、詮釋自由。因此，孫中山將民族主義與自由相對應，而民族主義主要指中國與西方列強的國權平等。同樣是在對平等的強調中，他關注國計民生和人民大眾的生存狀況，始終突出的則是經濟上和政治上的平等。

至此可見，三民主義的宗旨是自由、平等、博愛而並非只是平等。儘管如此，自由、平等、博愛在孫中山那裏並不是並列的，作為三民主義之首的民族主義指本族與異族之間的國權平等，這證明了孫中山所講的平等以國家的平等權利為第一目標，而不是側重個人平等。民族主義印證了中國近代救亡圖存的理論初衷，對民族主義的重視表明了孫中山對平等的關注和重視。正因為如此，自由、平等、博愛以平等為中心，三民主義都可以歸結為平等，注定了他對大同社會的夢縈魂牽。

上述內容顯示，鑒於中國近代日益深重的民族危機，雖然平等的主體包括國群與個人兩個方面，但是，近代哲學家在講平等時不約而同地偏向前者。這使他們所講的平等帶有其他時期以及其他國家所罕見的特點。正是基於對國群平等的期盼，康有為、孫中山把實現平等的希望寄託在大同社會。儘管在客觀效果上產生了不同的影響，有的言論如康有為、譚嗣同主張取消國界，康有為揚言不做國民作「天民」等甚至有消解愛國主義、救亡圖存之嫌，那也應該理解為對中國與西方列強平等心切，且找不到現實出路的物極必反，他們探討中國與西方平等的初衷是毋庸置疑的。正是這一點，催生了近代的大同思想。

〔註10〕《與戴季陶的談話》，《孫中山全集》（第五卷）中華書局 2006 年版，第 69 頁。

第二節　世界主義與民族主義

　　康有為、孫中山對大同社會的渴望如出一轍，通往國群平等的思路卻相差懸殊：康有為主張通過取消國界走向大同，在取消國家、地球成為公政府中徹底消除國家與國家、人種與人種以及民族與民族之間的差別，這使他的大同思想帶有濃鬱的世界主義情結。孫中山雖然像康有為那樣嚮往大同社會，將平等的最終實現定位在大同社會，但是，他秉持民族主義立場，不惟沒有將大同社會的實現寄託在取消國界上，反而關注中華民族的前途命運。

　　康有為所規劃、設計的平等途徑和歸宿便是大同社會。對於大同社會的具體情況，他在《大同書》中進行了詳細的描繪。大同社會取消國界，全球的政治、經濟、宗教和文化皆一體化。更有甚者，大同社會不僅全球同一文化，同一語言，而且同一人種，從根本上剷除了民族、種族或人種差異。正是由於消除了所有的差異，大同社會進入絕對同一、消除差別的平均狀態，這種平均狀態就是平等。平等的對立面是不平等而絕非差異，試圖通過絕對平均而臻於平等暴露了康有為思想的幼稚性和極端性，也使他所講的平等以及構想的大同社會帶有致命的空想性和烏托邦色彩，注定是無法實現的。儘管如此，康有為對大同社會的津津樂道正體現了他對全世界絕對平等，各民族、各國家一律平等的理想訴求。例如，對於大同社會的平等景象，康有為如是暢想：「太平之世，人人平等，無有臣妾奴隸，無有君主統領，無有教主教皇。」〔註11〕

　　為了進入絕對平等的大同社會，康有為提出了消滅種族差異的具體措施，企圖通過與白種人通婚、飲食和遷地等辦法漂白中國人的膚色。他提出的改良人種的辦法是同一人中，即用白色人種同化、取消包括黃色人種在內的一切有色人種。可以想像，人種改良成功之日，作為中華民族的黃色人種已經蕩然無存。除此之外，由於大同社會消除了國界，全球公政府，中國也已經不復存在。為了平等、獨立，康有為甚至勸導人「直隸於天」，呼籲人們作「天人」而不作國人，作「天民」而不作國民。這極大地消解了中國近代刻不容緩的救亡圖存，在世界主義中放逐了民族主義。更有甚者，康有為對取消國界迫不及待、寄予厚望，《大同書》共十部，甲部是「入世界觀眾苦」，癸部是「去苦界至極樂」，中間則是由苦至樂的具體步驟，其中的第一步即乙部就是「去國界合大地」，接下來的步驟便是「平民族」和「去種界」。這表明，在康有為的大同規

〔註11〕《大同書》中州古籍出版社1998年版，第343頁。

劃中，中國不可能在大同社會擁有一席之地，反倒是消除中國與各國以及中華民族與其他民族的差異才是進入大同的前提條件。有鑑於此，梁啟超一針見血地指出，康有為的大同思想是世界主義而不是民族主義，是宗教家不切實際的幻想甚至是夢囈：「所謂對於世界而知有國家者何也？宗教家之論，動言天國，言大同，言一切眾生。所謂博愛主義、世界主義，抑豈不至德而深仁也哉。雖然，此等主義，其脫離理想界而入於現實界也，果可期乎？此其事或待至萬數千年後，吾不敢知，若今日將安取之？」〔註12〕

對大同社會心嚮往之的孫中山堅守民族主義的立場，始終將民族主義放在第一位。正是基於民族主義的立場，他將民族主義置於三民主義之首。這既突出了民族主義的地位，也使大同社會作為三民主義的最終目標帶有民族主義的特徵。可以看到，與康有為、譚嗣同等戊戌啟蒙思想家幻想消除國界、在取消中國的前提下走向大同的思路迥異其趣，孫中山的大同理想秉持民族主義的立場，其中的愛國主義更為明確，救亡圖存的宗旨也更為鮮明。換言之，孫中山不是設想在取消中國和中華民族中走向大同，而是在大同世界中使中華民族屹立於世界民族之林。對此，他一再斷言：

> 中華民族者，世界最古之民族，世界最大之民族，亦世界最文明而最大同化力之民族也。然此龐然一大民族則有之，而民族主義則向所未有也。何為民族主義？即民族之正義之精神也。惟其無正義、無精神，故一亡於胡元，再亡於滿清，而不以為恥，反謂他人父、謂他人君，承命惟謹，爭事之恐不及，此有民族而無民族主義者之所謂也。……民族主義之範圍，有以血統、宗教為歸者，有以歷史習尚為歸者，語言文字為歸者，夐乎遠矣。然而最文明高尚之民族主義範圍，則以意志為歸者也。〔註13〕

> 夫漢族光復，滿清傾覆，不過只達到民族主義之一消極目的而已，從此當努力猛進，以達民族主義之積極目的也。積極目的為何？即漢族當犧牲其血統、歷史與夫自尊自大之名稱，而與滿、蒙、回、藏之人民相見於誠，合為一爐而冶之，以成一中華民族之新主義，如美利堅之合黑白數十種之人民，而冶成一世界之冠之美利堅民族主義，斯為積極之目的也。五族云乎哉。夫以世界最古、最大、最

〔註12〕《新民說》，《梁啟超全集》（第二冊）北京出版社 1999 年版，第 663～664 頁。
〔註13〕《三民主義》，《孫中山全集》（第五卷）中華書局 2006 年版，第 186～187 頁。

富於同化力之民族，加以世界之新主義，而為積極之行動，以發揚
光大中華民族，吾決不久必能駕美迭歐而為世界之冠，此固理有當
然，勢所必至也。國人其無餒！〔註14〕

由此可見，「發揚光大中華民族」，「駕美迭歐而為世界之冠」是孫中山領
導的民主革命的最終目標。孫中山懷抱大同理想就是為了使中國屹立於世界
民族之林，並且成為富強民族。在秉持民族主義立場上，孫中山的大同思想與
康有為等人幻想通過消除種族、人種，取消國界而實現大同的思路天懸地隔。
與此同時，孫中山的大同理想與三民主義和他所領導的民主革命聯為一體，三
民主義和民主革命不僅使他的大同理想從空想變成了現實的變革社會的政治
運動，而且彰顯了大同理想的民族主義旗幟。正是基於對國權平等的強烈訴
求，孫中山在三民主義中將民族主義列在了首位。

近代哲學家所設想的大同社會與平等以及中國與西方列強之間的關係密
切相關，每個人對大同社會的構想卻千差萬別。孫中山的大同理想極富個性和
中國特色，集中表現就是秉持民族主義的立場。如果說康有為在大同社會中迷
失了自己本民族的立場的話，那麼，民族主義則是孫中山大同社會的價值旨
趣。作為中國近代大同理想的第二種形態，孫中山的大同理想將康有為的空想
性轉化為理想性，不僅在民主革命的實踐中向大同社會靠近，而且在對民族主
義的堅守中克服了康有為、譚嗣同由於大同社會取消國界對救亡圖存的消解。
與康有為、譚嗣同在取消國界中實現中國與西方列強的平等的消極做法迥然
相異，孫中山一面對大同社會心馳神往，一面高舉反帝愛國的旗幟，在大同理
想中彰顯中國主權的獨立主題。

孫中山的大同理想與康有為的根本區別在於，不再像康有為那樣取消國
界，而是彰顯民族主義，讓中華民族在世界進化的潮流中屹立於世界民族之
林。三民主義具體包括三個主義，即民族主義、民權主義和民生主義，之所
以將民族主義列在首位，有突出民族主義之意，旨在爭取中國的主權獨立，
實現中國與西方列強為首的各國平等。對此，孫中山解釋說，民族主義借用
法國自由、平等、博愛的話語方式表達便是自由，之所以將自由稱為民族主
義是鑒於中國的具體國情，旨在突出中國向帝國主義爭取國權自由之義。從
這個意義上說，三民主義以民族主義為基礎，反帝主題十分鮮明和突出。不
僅如此，孫中山將民族主義置於三民主義之首表明他所講的自由與平等密不

〔註14〕《三民主義》，《孫中山全集》（第五卷）中華書局 2006 年版，第 187～188 頁。

可分，並且預示著平等問題最本質的是中國與西方列強之間的平等。為了與西方列強平等，孫中山提出中國必須提倡民族主義，發展中國的民族經濟，超過英國，趕上美國。

第三節　千百萬年之後的遐想與現實的民權運動

古代視界中的大同社會是對過去的黃金時代的回憶，近代視界中的大同社會則是對未來社會的憧憬。康有為、孫中山都堅信人類歷史的進化，並且將大同社會視為人類進化的最高階段。

首先，對於康有為、孫中山來說，大同社會在未來，是人類社會進化的最美好、最完善的階段。

康有為認為，孔子主張進化，《春秋》寄託了孔子託古改制的微言大義，書中記載的魯國242年的歷史包括「所見之世」「所聞之世」「所傳聞之世」，分別代表了據亂世、升平世和太平世。其中，升平世是小康之世，太平世就是大同之世。由此，他堅信，大同社會在未來，並且是實現了自由、平等、博愛的理想社會。

孫中山的大同理想同樣在未來，並且基於對世界進化的考察。孫中山是進化論的堅定信仰者，根據進化論宣稱世界萬物皆由進化而來，整個世界都處於進化之途，並且提出了世界由物質進化之時期到物種進化之時期，再到人類進化之時期的世界進化三階段說。在此基礎上，他進一步指出，有了人類，便開始了人類歷史的進化。人類社會是進化的，進化的軌跡便是從不平等臻於平等。正如君權時代是打破人與神之間的不平等建立起來的一樣，從君與民不平等的君權時代進化到人人平等的民權時代是歷史進化的必然歸宿。孫中山認為，人類歷史的進化分為洪荒太古時代、神權時代、君權時代和民權時代四個階段。民權時代作為人類歷史進化的最高階段具有歷史必然性和正當性，而這個民權時代就是大同社會。他堅信，推翻君權，在政治上、經濟上實現平等的民權時代是人類歷史的潮流，自己之所以提倡三民主義，將三民主義奉為自己領導的民主革命的行動綱領，就是因為三民主義是世界進化的潮流，從不平等達到平等是進化的法則，勢不可擋。他聲稱：「革命之目的，即欲實行三民主義也。……中國革命何以必須行此三民主義？以在此二十世紀之時代，世界文明進化之潮流，已達於民生主義也；而中國則尚在異族專制之下，則民族之革

命以驅除異族，與民權之革命以推覆專制，已為勢所不能免者也。然我民族、
民權之革命時機，適逢此世界民生革命之潮流，此民生革命又我所不能避也。
以其既不能免、而又不能避之三大革命，已乘世界之進化潮流催迫而至，我不
革命而甘於淪亡，為天然之淘汰則已。如其不然，則曷不為一勞永逸之舉，以
一度之革命，而達此三進化之階級也。此予之所以主張三民主義之革命也。」
〔註15〕與此同時，孫中山將民權時代與中國古代的大同理想聯繫起來，致使大
同理想不僅成為人類社會進化的最高階段，而且成為三民主義的最高理想和
奮鬥目標。對此，他多次明確表示，自己所領導的民主革命的最終目標就是建
立一個儒家理想中的大同社會。下僅舉其一斑：

> 昔文王以百里王天下，即以其能施行仁政，便萬民皆蒙樂利也。
> 故吾國人追思往古，動稱唐虞三代，其時確為太平盛世，人人安居
> 樂業，為後世所不可企及。本黨目的即在達到此種境地。〔註16〕

> 人類進化之目的為何？即孔子所謂「大道之行也，天下為公」。
〔註17〕

其次，既然大同社會在未來，便涉及到具體的實現途徑問題。在這個現實
問題上，直觀地反映了康有為與孫中山大同思想的本質區別。

康有為將「男女平等各自獨立」視為通往大同世界的第一步，將通往大同
的全部希望寄託在廢除家庭、消滅私有制上。與此同時，出於改良主義的立場，
康有為藉口「時之未至，不能躐等」，將大同社會推向無限遙遠的未來，甚至
僅僅限於對未來的遐想而與當下無關。從這個意義上說，他之所以講平等充其
量是理論上對遙遠未來的暢想，僅限於紙上談兵，一切都與現實無涉——「可
為理想之空言，不能為施行之實事」。對此，康有為坦言：「地各有宜，物各有
適；有宜於彼而不宜於此者，有適於前而不適於後者。今革命民主之方，適與
中國時地未宜，可為理想之空言，不能為施行之實事也。不然，中國之人，創
言民權者僕也，創言公理者僕也，創言大同者僕也，創言平等者僕也；然皆僕
講學著書之時，預立至仁之理，以待後世之行耳，非謂今日即可全行也。僕生
平言世界大同，而今日列強交爭，僕必自愛其國，此《春秋》據亂世所以內其

〔註15〕《三民主義》，《孫中山全集》（第五卷）中華書局 2006 年版，第 185 頁。
〔註16〕《在廣州國民黨黨務會議的講話》，《孫中山全集》（第八卷）中華書局 2006 年
　　　　版，第 269 頁。
〔註17〕《建國方略》中州古籍出版社 1998 年版，第 98 頁。

國而外諸夏也。僕生平言天下為公，不可有家界，而今日人各自私，僕必自親其親、自私其子，此雖孔子，亦養開官夫人伯魚，而不能養路人也。僕言眾生皆本於天，皆為兄弟，皆為平等，而今當才智競爭之時，未能止殺人，何能戒殺獸？故僕仍日忍心害理，而食鳥獸之肉、衣鳥獸之皮，雖時時動心，曾齋一月而終不戒。此阿難戒佛飲水，而佛言不見即可飲，孔子所以僅遠庖廚也。僕生平言男女平等、婚姻自由、政事同權，而今日女學未至、女教未成，僕亦不遽言以女子為官吏也。僕生平言民權、言公議，言國為民公共之產，而君為民所請代理之人，而不願革命民主之事，以時地相反，妄易之則生大害，故孔子所以有三世三統之異也。」〔註18〕梁啟超的介紹和評價印證了康有為的這個說法。據梁啟超披露，康有為完成《大同書》後，一直「秘不以示人，亦從不以此義教學者，謂今方為『據亂』之世，只能言小康，不能言大同，言則陷天下於洪水猛獸。其弟子最初得讀此書者，惟陳千秋、梁啟超，讀則大樂，銳意欲宣傳其一部分。有為弗善也，而亦不能禁其所為，後此萬木草堂學徒多言大同矣。而有為始終謂當以小康義救今世，對於政治問題，對於社會道德問題，皆以維持舊狀為職志。」〔註19〕正是對於大同社會的矛盾態度使康有為的《大同書》作於 1884 年，直到 1902 年才定稿，前後長達近二十年，其中的矛盾和徘徊由此可見一斑。作為內心矛盾和掙扎的直接反映，康有為一面在理論上宣傳平等，一面不厭其煩地強調在操作上中國實現平等為時過早、不可妄動。為此，他的理由是，由人類社會歷史演變的公理來看，世界進化由專制而立憲，由立憲而民主。當時的中國正處於由專制向立憲過渡的階段，只能先實行立憲，而不能進入共和，更遑論大同社會了。

與康有為將大同社會推向無限遙遠的未來不同，作為革命家的孫中山不僅宣稱人類歷史由君權時代直接進化到民權時代，而取消了在康有為那裏作為過渡環節的君主立憲階段；而且主張像俄國十月革命那樣通過暴力行動奪取國家政權，並將國家交給國民管理和享有。正因為如此，孫中山同樣嚮往大同社會，建立大同社會的途徑與康有為對千百萬年之後的遐想相去霄壤。

作為中國民主主義革命的先行者，孫中山將大同社會與自己所領導的政

〔註18〕 《答南北美洲諸華商論中國只可行立憲不能行革命書》，《康有為全集》（第六集）中國人民大學出版社 2007 年版，第 321 頁。

〔註19〕 《清代學術概論》，《梁啟超全集》（第五冊）北京出版社 1999 年版，第 3099頁。

治鬥爭聯為一體，匯聚成當下的民主革命和民權運動。正是在這個意義上，他不止一次地斷言：

> 至若俄國則更進步，其目的在使人人享受經濟上平等之幸福，而無不均之患。語其大成，則與孔子所謂大同相類。〔註20〕

> 夫蘇維埃主義者，即孔子之所謂大同也。孔子曰：「大道之行也，天下為公，選賢與能，講信修睦。故人不獨親其親，不獨子其子，使老有所終，壯有所用，幼有所長，矜寡孤獨廢疾者皆有所養，男有分，女有歸。貨惡其棄於地也，不必藏於己；力惡其不出於身也，不必為己。是故謀閉而不興，盜竊亂賊而不作，故外戶而不閉，是為大同。」〔註21〕

在這裡，孫中山多次將大同社會與俄國十月革命後建立的蘇維埃共和國相提並論，不僅將大同社會納入到現實的實踐之中，而且使大同社會具有了現實內涵，與推翻帝制、人民當家作主密切相關。事實上，孫中山理想中的大同社會既不像明清之際的早期啟蒙思想家如黃宗羲、顧炎武等人所渴望的那樣恢復理想中的夏、商、周三代，也不像康有為、譚嗣同那樣幻想世界主義；而是傚仿蘇維埃政權通過暴力革命，推翻滿洲統治，趕走帝國主義，建立中華民族的共和國。正是基於這一設想，孫中山一面嚮往世界大同、天下為公，一面提倡民族主義，捍衛國家主權。與此相聯繫，他的三民主義始終高舉反帝反封建的旗幟——既反對滿清政府的封建統治，又反對帝國主義的壓迫。

在將大同社會與現實的暴力革命和社會變革聯為一體的前提下，孫中山將民權主義列入三民主義之中，始終關注國民應有的權利。與重視國民的權利相印證，他將民權時代說成是人類歷史的最高階段，這使孫中山的大同理想直接指向民權時代。民權時代與以往社會的不同特點是國民具有參政的權利，三民主義的宗旨便是「民有、民治、民享」，旨在使國民享受民權。孫中山寫道：「吾黨之三民主義，即民族、民權、民生三種。此三種主義之內容，亦可謂之民有、民治、民享，與自由、平等、博愛無異，故所向有功。以名言之，可稱民有、民治、民享。……質而言之，民有即民族也。天下者，天下人之天下，非一二族所可獨佔。民權即民治也。從前之天下，在專制時代則以官僚武人治

〔註20〕《在廣州大本營對各界人士的演說》，《孫中山全集》（第八卷）中華書局2006年版，第349頁。

〔註21〕《致犬養毅書》，《孫中山全集》（第八卷）中華書局2006年版，第405頁。

之,本總理則謂人人皆應有治之之責,亦應負治之之責,故余極主張以民治天下。民生即民享也。天下既為人人所共有,則天下之利權,自當為天下人民所共享。自此三民主義推行以來,無堅不入,無人不從。何者?權利為人所共好,今平均而與之,宜其無不從也。」〔註22〕由此可見,肯定大同理想始於足下,大同社會的實現就在當下的政治運動中,大同社會的標識之一就是國民享受權利,是孫中山的大同理想與康有為的大同空想最本質的區別。

綜上所述,孫中山的大同思想與康有為具有不容忽視的明顯區別:第一,孫中山始終秉持民族主義的立場。第二,他將實現大同與平等納入到現實的政治鬥爭。這些區別體現了孫中山領導的辛亥革命與康有為發起的維新變法的區別,也是孫中山大同理想的獨特魅力。從這個意義上說,不理解孫中山大同理想的獨特性,便無法理解三民主義的實質,也就無法從根本上認識孫中山領導的辛亥革命及民主革命的歷史意義。

同樣不可否認的是,康有為、孫中山的大同理想帶有鮮明的近代特徵,具有諸多相似、相同之處。這突出表現在以下幾個方面:第一,在立言宗旨上,出於救亡圖存的歷史背景和現實需要,康有為、孫中山將大同理想置於全球化的歷史背景和文化語境中,突破了中國古代「天下一家,中國一人」的模式,旨在借助大同社會解決中國與西方的平等問題。第二,在內涵界定上,兩人將平等、自由視為大同社會的基本特徵,表達了近代的價值理念和民主要求。第三,在合理證明上,康有為、孫中山將大同理想納入進化史觀之中,彰顯了大同社會的必然性和正當性。這些是近代大同理想有別於古代之處,也是康有為、孫中山思想的一致性。從這個意義上說,兩人的大同思想都屬於近代形態。如果說康有為、譚嗣同的大同理想是近代的第一種形態的話,那麼,孫中山的大同理想則是第二種形態。

除此之外,五四運動時期的新文化運動者——如李大釗和蔡元培等人也對大同津津樂道,所講的大同具有另一番景色,已經與康有為、孫中山代表的近代形態不可同日而語,可以稱為第三種形態。李大釗堅信,通過平民主義運動,在政治上、經濟上和社會上打破一切特權階級,那時的人成為有個性的個人,就可以完全實現平等、自由,那時的「平民的社會」「人類一體」「世界一家」,就是中國人追求的大同社會。對此,他反覆強調:

〔註22〕《在廣西陽朔人民歡迎會的演說》,《孫中山全集》(第五卷)中華書局 2006 年版,第 628～629 頁。

　　純正的「平民主義」，就是把政治上、經濟上、社會上一切特權
階級，完全打破，使人民全體，都是為社會國家作有益的工作的人，
不須用政治機關以統治人身，政治機關只是為全體人民，屬於全體
人民，而由全體人民執行的事務管理的工具。凡具有個性的，不論
他是一個團體，是一個地域，是一個民族，是一個個人，都有他的
自由的領域，不受外來的侵犯與干涉，其間全沒有統治與服屬的關
係，只有自由聯合的關係。這樣的社會，才是平民的社會，在這樣
的平民的社會裏，才有自由平等的個人。〔註23〕

　　這次的世界大戰，是從前遺留下的一些不能適應現在新生活、
新社會的舊物的總崩頹。由今以後的新生活、新社會，應是一種內
容擴大的生活和社會——就是人類一體的生活，世界一家的社會。
我們所要求的新道德，就是適應人類一體的生活，世界一家的社會
之道德。從前家族主義、國家主義的道德，因為他是家族經濟、國
家經濟時代發生的東西，斷不能存在於世界經濟時代的。今日不但
應該廢棄，並且必然廢棄。我們今日所需要的道德，不是神的道德、
宗教的道德、古典的道德、階級的道德、私營的道德、佔據的道德；
乃是人的道德、美化的道德、實用的道德、大同的道德、互助的道
德、創造的道德！〔註24〕

至於蔡元培對大同社會的津津樂道，則與李大釗相比有過之而無不及。如
果說李大釗的大同理想更多地基於馬克思主義的話，那麼，蔡元培的大同理想
則是對孔子及儒家的現代詮釋。

　　梁啟超嚮往大同，視之為人類歷史的未來藍圖。他坦言：「大同之義，有
為今日西人所已行者，有為今日西人所未及行，而可決其他日之必行者。」〔註
25〕在梁啟超創作的小說——《新中國未來記》中，未來的中國將由「大中華
民主共和國」走向大同世界。蔡元培《新年夢》中的「新中國」廢除姓氏、家
庭、婚姻、法律，統一語言文字甚至廢除國家，這是一種大同模式——當然，

〔註23〕《平民主義》，《李大釗全集》（第四卷）人民出版社2006年版，第132～133
　　　　頁。
〔註24〕《物質變動與道德變動》，《李大釗全集》（第三卷）人民出版社2006年版，
　　　　第117頁。
〔註25〕《讀〈孟子〉界說》，《梁啟超全集》（第一冊）北京出版社1999年版，第159
　　　　頁。

其中的佛教華嚴世界隱約可見。

再次，作為聯結古代與五四時期大同理想的中間階段，康有為、孫中山的大同思想具有不容忽視的重要地位和意義，應該對之予以充分的重視。

至此，人們不禁要問：面對中國亡國滅種的危險，究竟怎樣才能有效地救亡圖存？康有為、譚嗣同的大同理想共同表明，面對中國近代社會所提出的中國向何處去的現實課題，大同社會的解決方式或者推向無限遙遠的未來，或者幻想一勞永逸地解決。態度越是決絕，解決越是徹底，卻越是與現實相距甚遠。因此，無論兩人的大同理念說起來多麼美妙，充其量只是一種過屠門而大嚼的快意而已。

孫中山堅守民族主義，在 1925 年 3 月 11 日簽字的遺囑中指出「聯合世界上以平等待我之民族，共同奮鬥」。

從哲學依據和境界上看，古代思想家所講的大同社會與仁之間並無直接關係。在康有為、譚嗣同那裏，大同社會與仁密切相關，成為仁的最終實現和最高境界。具體地說，仁與大同社會的密切相關包括兩個方面的內容：第一，將不忍人之心、慈悲之心視為進入大同世界的人性基礎。對此，康有為一再表示：

> 人道之所以合群，所以能太平者，以其本有「愛質」而擴充之。……而止於至善，極於大同。〔註26〕

> 同好仁而惡暴，同好文明而惡野蠻，同好進化而惡退化。積之久，故可至太平之世，大同之道。〔註27〕

「太平之世」是康有為對大同社會的另一種稱謂和表達，「愛質」則與「愛力」一樣是康有為對仁的別稱。例如，他不止一次地斷言：

> 仁從二人，人道相偶，有吸引之意，即愛力也，實電力也。人具此愛力，故仁即人也。苟無此愛力，即不得為人矣。孟子曰：仁者，人也。合而言之，道也。蓋人力行仁者，即為道也。此傳子思之微言，為孔教的髓也。然愛者力甚大，無所不愛。〔註28〕

> 孔子以天地為仁，故博愛，立三世之法，望大道之行。太平之

〔註26〕《大同書》中州古籍出版社 1998 年版，第 344 頁。

〔註27〕《孟子微》，《康有為全集》（第五集）中國人民大學出版社 2007 年版，第 427 頁。

〔註28〕《中庸注》，《康有為全集》（第五集）中國人民大學出版社 2007 年版，第 379 ～380 頁。

世，則大小遠近如一，山川草木，昆蟲鳥獸，莫不一統。大同之治，
則天下為公，不獨親其親，子其子，務以極仁為政教之統。後世不
述孔子本仁之旨，以據亂之法、小康之治為至，泥而守之，自隘其
道，非仁之至，亦非孔子之意也。甚者自私，流於老子之不仁，此
則與孔子言道相背矣。〔註29〕

　　在康有為看來，仁是人的本性，人生來就有不忍之心。這使文明臻於至善
的大同社會成為人的共同追求，博愛則是人類攜手共進大同的人性基礎。康有
為的大同思想來源於儒家，這主要表現是大同是孔子提出的理想，並且寄寓在
三世之中。正是在這個意義上，他聲稱：「讀至《禮運》，乃浩然而歎曰：孔子
三世之變、大道之真，在是矣。大同小康之道，發之明而別之精，古今進化之
故，神聖憫世之深，在是矣。相時而推施，並行而不悖，時聖之變通盡利，在
是矣。是書也，孔氏之微言真傳，萬國之無上寶典，而天下群生之起死神方
哉！」〔註30〕除此之外，大同思想的主要來源則是孟子。康有為宣稱：「孟子
之說，太平大同制也。大同之世，人人以公為家，無復有私，人心公平，無復
有貪，故可聽其採取娛樂也。大地既一，則推至千數百里可也。升平尚未能推
之。公學校、公圖書館、公博物院、公音樂院，皆與民同者。凡一切藝業觀遊，
足以開見聞，悅神思，便民用者，皆有公地以與民同，此乃孟子之意。孟子之
學全在擴充，學者得其與民同之義，固可隨時擴充而極其樂也。」〔註31〕《孟
子‧梁惠王》等篇具有「與民同樂」的記載，康有為將平與同等量齊觀，進而
視為至公、至仁的表現。這拉近了孟子與大同之間的距離。

　　如果說康有為所講的大同社會是太平世對於升平世的勝利的話，那麼，孫
中山心目中的大同社會則是公理戰勝強權。對此，他解釋說：「所以現在世界文
化的潮流，就是在英國、美國有少數人提倡仁義道德。至於在其他各野蠻之邦，
也是有這種提倡。由此可見西方之功利強權的文化，便要服從東方之仁義道德
的文化。這便是霸道要服從王道，這便是世界的文化日趨於光明。」〔註32〕

〔註29〕　《中庸注》，《康有為全集》（第五集）中國人民大學出版社 2007 年版，第 379
　　　　頁。
〔註30〕　《禮運注》敘，《康有為全集》（第五集）中國人民大學出版社 2007 年版，第
　　　　553 頁。
〔註31〕　《孟子微》，《康有為全集》（第五集）中國人民大學出版社 2007 年版，第 461
　　　　頁。
〔註32〕　《對神戶商業會議所等團體的演說》，《孫中山全集》（第十一卷），中華書局
　　　　2006 年版，第 408～409 頁。

　　誠然，孫中山有關於「使全世界合為一大國家」的設想，然而，那是從中國多民族團結的角度立論的，非但沒有像康有為那樣取消國家，反而彰顯中國的國力和地位——「使地球上人類最大之幸福，由中國人保障之，最光榮之偉績，由中國人建樹之，不止維持一族一國之利益，並維持全世界全人類之利益焉」。正是在這個意義上，孫中山一而再、再而三地說道：

　　　　現在世界文明未達極點，人數（類）智識，猶不免於幼稚，故以武裝求和平，強凌弱，大欺小之事，時有所聞。然使文明日進，智識日高，則必能〈推〉廣其博愛主義，使全世界合為一大國家，亦未可定。〔註33〕

　　　　原夫國之所由成，成於團體。自有人類，即有團體，隨世運之變遷，小團體漸並而為大團體。蒙昧之世，小國林立，以千萬計，今則世界強國大國僅六、七耳。由此更進，安知此六、七大國不更進而成一世界唯一大國，即所謂大同之世是也。雖然，欲泯除國界而進於大同，其道非易，必須人人尚道德、明公理，庶可致之。今世界先覺之士，鼓吹大同主義者已不乏其人，我五大種族皆愛和平，重人道，若能擴充其自由、平等、博愛之主義於世界人類，則大同盛軌，豈難致乎？〔註34〕

　　　　令世界有和平，令人類有大同，各有平等自由之權利。世界幸福，都是黃種五萬萬人造成的。而學生諸君，是其起點。今日學生諸君，不但須擔任亞東和平之責任，並要擔任世界大同之責任。〔註35〕

　　事實上，康有為與孫中山都將大同社會與孔子直接聯繫起來，不同的是兩人對通往大同路徑的不同設定。與孫中山設想憑藉民權運動進入大同社會截然不同，康有為將大同社會的實現寄託於宗教。具體地說，康有為的大同理想容納了佛學的思想要素，基於「求樂免苦」的訴求，以去苦至樂為主旨。《大同書》「入世界觀眾苦」是為了「去苦界至極樂」。大同社會就是一個極樂世界。《大同書》共十部，甲部是「入世界觀眾苦」，癸部是「去苦界至極樂」，中間

〔註33〕《在北京五族共和合進會與西北協進會的演說》，《孫中山全集》（第二卷）中華書局 2006 年版，第 439 頁。
〔註34〕《在北京五族共和合進會與西北協進會的演說》，《孫中山全集》（第二卷）中華書局 2006 年版，第 439 頁。
〔註35〕《在東京中國留學生歡迎會的演說》，《孫中山全集》（第三卷）中華書局 2006 年版，第 27 頁。

則是由苦至樂的具體步驟。與佛學的關係表明，康有為的大同思想與宗教相關，這既印證了其大同思想的空想性，也顯示了與孫中山、李大釗等人的區別。作為宗教情結的表現，康有為的大同樂園中加入了神仙、道教長生不死的神話。康有為提到了列子。例如，他在《大同書》中這樣寫道：「孔子之太平世，佛之蓮花世界，列子之甑甄山，達爾文之烏托邦，實境而非空想焉。」〔註36〕與提倡列子有關，康有為具有神仙情結，從中可見他對大同的構想深受道教的影響。道教的痕跡既使康有為的大同思想指向了「求樂免苦」的主旨，又顯示了與譚嗣同的不同。譚嗣同大同思想的主要來源並非孔學，對道教的打壓更是使他的大同理想與神仙世界天懸地隔。

　　在近代哲學家的思維方式和價值選擇中，始終交織著中西、古今、新舊之爭，即中國與與西方、中學與西學之間存在著古與今、舊與新之分：中代表了古、舊、落後，西代表了今、新、先進。根據後勝於古（前）的法則，中西文明不只是民族性、地域性的差異，而且是落後與先進、野蠻與文明的差異；基於優勝劣汰的法則，中國要適者生存，必須趕上西方。循著這種思維模式，世界大同了，便沒有了各種區分，也徹底消滅了包括國家、種族之間的不平等在內的一切不平等。到那時，即使有地域上的中西之名也不存在新舊之分了。由於將解決中西之間不平等的方法簡單化、絕對化，康有為、譚嗣同寄希望於天下大同。這是一種取消了國家、政治、宗教、文化和語言文字之分的高度全球化、世界一體化。這種一體化模式與中國古代的天下為公、天下大同理念有關，與中國自古以來根深蒂固的不患貧而患不均的平均主義心理相關。康有為的大同建構將中國納入全球化進程中，儘管其中流露出趕上世界進化潮流的信心和渴望，卻總是讓人感到民族性不夠、自尊心不足。康有為的大同在遠方，遠得遙不可及。孫中山的大同在路上，正在一步步靠近。正因為大同社會遙不可及，充其量只是過屠門而大嚼，康有為未有未來如何兒當下不可的結論。正因為在路上，在通往大同的路上，孫中山通過三民主義畢數功於一役，解決中國的民族、民生和民權問題。

〔註36〕《大同書》中州古籍出版社 1998 年版，第 106 頁。

第七章　康有為與梁漱溟比較

對於中國人來說，宗教（religion）無論作為概念還是作為學科都是舶來品。伴隨著宗教的傳入特別是西方基督教（耶教）的強勢傳播，宗教一詞在中國近代成為流行語，宗教問題也隨之成為熱門話題。在這種情形下，中國近代掀起了一股聲勢浩大的宗教熱。在中國近代的宗教熱中，基督教備受關注，成為三大宗教之一。中國自漢代起就有三教之稱，而三教具體指儒教、佛教和道教。近代三教與古代三教的最大區別在於耶教的加入。如果說儒釋道組成了古代三教的話，那麼，近代的三教則是孔佛耶。從近代開始，耶教與孔教、佛教的關係以及中國、西方和印度文化的關係成為熱門話題，對耶教的立場和態度成為近現代哲學的重大問題。在中國近代，西方傳教士伴隨著堅甲利兵大量湧入中國，帶來了基督教以及各色自然科學概念和學說。這些成為近代中國人接觸西學的主要渠道之一。無論中國的落後挨打還是基督教的強勢傳播都令近代的中國人羨慕不已，近代哲學家甚至將基督教視為西方文化的象徵。在中國近代，與中國的前途和命運休戚相關的是儒學，儒學與中國一樣面臨著向何處去的問題。這是因為，中國的貧困衰微使儒學遭受前所未有的重創，如何使儒學走出困惑成為擺在近代哲學家面前的時代課題。現代新儒家便肩負著這一歷史使命應運而生。早期現代新儒家開闢了儒學內容現代轉換的路徑和設想，對於現代新儒家具有篳路藍縷之功。儘管他們對儒學的重建具有不同思路和範式，西方文化卻是不可或缺的一個維度。由此，對西方宗教的立場和態度成為早期現代新儒家進行儒學建構的重要參照，甚至是其中至關重要的一環。事實上，對西方宗教的立場和態度既構成了他們儒學、宗教建構的重要維度，也構成了哲學、文化建構的重要維度，因而直觀呈現了早期現代新儒家的心路歷程。康有為被

譽為現代新儒家的先驅，梁漱溟則是第一位現代新儒家。梳理、比較兩人對西方宗教的立場和態度，可以深刻理解早期現代新儒家視界中的宗教與儒學、宗教與文化以及中國文化與宗教、西方文化與宗教、中國宗教與西方宗教和中國文化與西方文化的關係。這既有助於深刻把握早期現代新儒家儒學建構的多維性、複雜性和變化性，又有助於直觀感受他們對西方宗教的不同立場和矛盾心態。藉此，可以深刻體會中國近現代哲學和文化建構的曲折艱難和利弊得失，從而為優秀傳統文化的創造性轉化和創新性發展提供歷史資鑒。

第一節　宗教視域下的宗教理念

　　康有為、梁漱溟對西方宗教的立場和態度並不是孤立的，而是受制於各自的宗教觀。具體地說，兩人不僅對宗教進行界定，形成了自己的宗教觀；而且以自己的宗教觀審視西方宗教，進而形成了自己的西方宗教觀。正是由於這個原因，只有從康有為、梁漱溟對宗教的定義入手，深刻把握兩人對宗教的界定，才能全面理解兩人審視、評價宗教的標準和態度。

　　康有為身處中國近代的宗教熱中，再加之他本人「宗教思想特盛」，故而對宗教問題津津樂道。早在 1880 年代，宗教問題便成為康有為關注的重要問題。在 1885 年的《教學通義》中，他給宗教下的定義是：「教，言德行遍天下之民者也；學，兼道藝登於士者也；……微為分之，曰教、學；總而名之，曰教。」〔註1〕這個定義有兩個要點：第一，在概念使用上，康有為選擇了教而不是宗教。第二，康有為關注教與學的關係，對二者既「微為分之」，又「總而名之」。在作於 1898 年春的《日本書目志》中，康有為將日本書目劃分為十五門，其中便有「宗教門」。顯而易見，此時的他使用了宗教概念。事實上，康有為不僅將宗教作為十五門大學科之一，而且在「宗教門」卷首中對宗教予以定義。

　　戊戌變法失敗遊歷世界各國尤其是歐洲之後，康有為堅決排斥從日本轉譯的宗教一詞，轉而對教之概念情有獨鍾，並且對教進行了新的定義：「教者效也」「教者猶道也」。

　　綜觀康有為的宗教定義不難發現，他具有強烈的泛宗教傾向，流露出明顯

〔註1〕《教學通義・原教》，《康有為全集》（第一集）中國人民大學出版社 2007 年版，第 21 頁。

的宗教情結。在《教學通義》中，康有為儘管聲稱「教，言德行遍天下之民者也」，而「學，兼道藝登於士者也」，故而「微為分之，曰教、學」，卻還是將教與學都歸結為教，即「總而名之，曰教」。正因為如此，他所講的教除了宗教，還包括教化、教育、文化和哲學等諸多內涵。

　　梁漱溟生於 1893 年，比康有為（1858 生）晚 35 年。這正是邏輯學傳入中國，並且方興未艾之時，梁漱溟的邏輯學素養和意識明顯加強。因此，他對宗教的界定更為明確，與康有為的定義相比更為具體。事實上，梁漱溟具有強烈的定義意識，論述問題往往先從定義入手。他強調，只有先明確定義，在明確的定義下進行探討才能澄清問題。同樣的道理，他對宗教的探討從定義入手，以此為標準審視、評判包括西方宗教在內的宗教。宗教是什麼？如何理解宗教？在《東西文化及其哲學》中，梁漱溟給予了如是解答：「為情志方面之安慰勖勉其事盡有，然不走超絕於知識一條路則不算宗教；反之單是於知識為超外而不去謀情志方面之安慰勖勉者亦不是宗教。必『走超絕於知識的一條路以謀情志方面之勖勉』之一事乃為宗教。」〔註2〕這是梁漱溟的宗教定義，不僅回答了什麼是宗教，而且明確了宗教的構成要件。依據這一定義，宗教之所以為宗教，必須具備兩個缺一不可的必要條件：一是「超絕於知識的事物」，一是「謀情志方面之安慰勖勉」。沿著這個思路，他得出了如下結論：「所謂宗教的，都是以超絕於知識的事物，謀情志方面之安慰勖勉的。」〔註3〕剖析梁漱溟的宗教定義，給人印象最深的是，他對宗教的界定較為明確，或者說沒有像康有為那樣的泛宗教傾向或教學相混。

　　值得注意的是，綜觀梁漱溟的思想不難發現，探討宗教問題都先明確定義。梁漱溟探究宗教集中在《東西文化及其哲學》《中國文化要義》中，而他在兩書中都給宗教下了定義。在《中國文化要義》中，梁漱溟寫道：「一切宗教都從超絕於人類知識處立他的根據，而以人類情感之安慰意志之勖勉為事。分析之，可得兩點：一、宗教必以對於人的情志方面之安慰勖勉為其事務；二、宗教必以對於人的知識方面之超外背反立其根據。」〔註4〕顯而易見，這個定

〔註2〕《東西文化及其哲學》，《梁漱溟全集》（第一卷）山東人民出版社 2005 年版，第 420 頁。

〔註3〕《東西文化及其哲學》，《梁漱溟全集》（第一卷）山東人民出版社 2005 年版，第 417 頁。

〔註4〕《中國文化要義》，《梁漱溟全集》（第三卷）山東人民出版社 2005 年版，第 98 ～99 頁。

義與前個定義如出一轍，而二者在時間上間隔了 20 餘年。據梁漱溟本人披露，《東西文化及其哲學》作於 1920～1921 年，《中國文化要義》始於 1942 年春，成於 1949 年。這就是說，梁漱溟在 20 多年中對宗教的界定沒有變化。更為重要的是，在《中國文化要義》中，梁漱溟揭示宗教定義、探討宗教問題時，不時引用《東西文化及其哲學》中的觀點予以印證。不僅如此，梁漱溟的宗教定義是探討宗教問題的一部分，《中國文化要義》中的宗教定義是在「宗教是什麼」的標題下進行的。無獨有偶，在《東西文化及其哲學》中，梁漱溟是在「宗教問題之研究」的標題下給宗教下定義的。這表明，梁漱溟的宗教定義是明確的，並且是確定的，前後之間變化不大。這與康有為宗教定義的反覆變化以及變化巨大相比更顯突出。這種差異形成的原因頗為複雜，除了邏輯學在中國近代的普及之外，最重要的一條便是，康有為的宗教理念隨著現實需要而變化，是中國近代社會政治鬥爭的波詭雲譎在宗教觀上的反映；梁漱溟的宗教觀大體在學術範圍內進行，受政治環境的影響不大。

康有為、梁漱溟的宗教定義流露出對宗教的不同界定和理解，直觀展示了不同的宗教理念。正是以對宗教的界定為基礎，兩人憑藉不同的宗教理念，審視、比較中國與西方的哲學、宗教和文化，形成了對西方宗教的立場和態度。從這個意義上說，康有為、梁漱溟對宗教的界定不僅決定了對宗教的理解，而且直接影響了對西方宗教的立場和態度。

第二節　儒學視域下的宗教立場

康有為、梁漱溟對西方宗教的立場和態度既受制於各自的宗教觀，又取決於各自的文化觀。大致說來，兩人對宗教的界定從宏觀的維度框定了對西方宗教的認定和評價，對中西文化的判定則從具體的維度決定了對西方宗教的立場和態度。作為早期現代新儒家的先驅和代表，康有為、梁漱溟都推崇儒學。換言之，儒學立場是兩人審視、解讀和評價西方宗教的重要維度，康有為、梁漱溟對西方宗教的立場和態度受制於兩人各自的儒學觀以及中西文化觀。

康有為對西方宗教的關注聚焦耶教（基督教），而他審視、評價耶教的立場則始終是圍繞著孔教展開的，以至於無論孔教概念的提出還是孔教的消亡都與耶教相伴。眾所周知，孔教概念是康有為的首創，它的出現正是為了對抗耶教。康有為在 1886 年作《康子內外篇》，孔教出現在《性學篇》中，耶教也

在該篇中出現。在《大同書》中，他宣布孔教「當捨」，耶教也隨之湮滅。稍加留意即可發現，在康有為的論述中，對耶教的提及和論述總是有孔教如影隨形。這是因為，他當初創造孔教概念，就是為了以教治教，具體方法則是以孔教與耶教分庭抗禮。更為重要的是，為了讓孔教與耶教分庭抗禮，康有為將教分為陰教和陽教。在聲稱陽教順人之情而陰教逆人之情的前提下，他將孔教歸為陽教而抵制耶教。同樣出於以教治教的初衷，康有為對耶教展開抨擊。尚須進一步澄清的是，康有為對孔教與耶教關係的釐定前後之間差若雲泥。大致說來，早期彰顯二教之同，極力以孔教比附耶教。例如，他聲稱耶教的教軌以及所有教義孔教都有，甚至斷言西方的宗教是墨教西傳的結果與墨教絕似，而墨教則是孔教的一個分支。例如，「墨子之學，只偷得半部《春秋》」〔註5〕，「墨者夷之言儒者之道」〔註6〕等。這表明，康有為既試圖利用耶教、佛教證明孔教是宗教，又極力證明孔教高於耶教。他在晚期則凸顯孔教與耶教之異，強調孔教是人道教，耶教則是神道教。儘管如此，康有為通過對孔教與耶教關係的論證來樹立孔教權威性、正當性的初衷和策略並沒有變。

　　梁漱溟先給宗教下定義，然後再對宗教問題予以探究。他眼中的西方宗教是西方文化的一部分，與西方文化的向前路向和演變軌跡密不可分，當然也並非只有耶教。例如，梁漱寫道：

> 西洋文化的淵源所自，世稱「二希」——希臘（Hellenism）、希伯來（Hebrewism）。……而希伯來思想是出於東方的——竊疑他還與印度有關係。他們與前敘希臘人的態度恰好相反，是不以現實幸福為標的——幾乎專反對現世幸福，即所謂禁慾主義。他們是傾向於別一世界的——上帝、天國；全想出離這個世界而入那個世界。他們不順著生活的路往前走，而翻身向後了，——即是我們所謂「第三條路」。西方自希臘人走第一條路就有許多科學、哲學、美術、文藝發生出來，成就的真是非常之大！接連著羅馬順此路嚮往下走，則又於政治、法律有所成就，卻是到後來流為利己、肉慾的思想，風俗大敝，簡直淫縱、驕奢、殘忍、紛亂的不成樣子！那麼，才借著這種希伯來的宗教——基督教——來收拾挽救。這自然於補偏救

〔註5〕《萬木草堂口說・學術源流》，《康有為全集》（第二集）中國人民大學出版社
　　　2007年版，第144頁。

〔註6〕《萬木草堂口說・孔子改制》，《康有為全集》（第二集）中國人民大學出版社
　　　2007年版，第152頁。

弊上也有很好的效果，雖然不能使那個文明進益發展，卻是維繫保持之功實在也是很大。然而到後來他的流弊又見出來了。一千多年中因為人們都是繫心天國不重現世，所以奄奄無生氣，一切的文化都歸併到宗教裏去了。於是哲學成了宗教的奴隸；文藝、美術只須為宗教而存；科學被擯，迷信充塞，乃至也沒有政治，也沒有法律。這還不要緊，因為教權太盛的原故，教皇教會橫恣無忌，腐敗不堪，所以歷史稱為中古之黑暗時代！於是有「文藝復興」、「宗教改革」的新潮流發生出來。所謂「文藝復興」便是當時的人因為借著研究古希臘的文藝，引起希臘的思想、人生態度。把一副向天的面孔又回轉到人類世界來了。而所謂「宗教改革」，雖在當時去改革的人意思或在恢復初時宗教之舊，但其結果不能為希伯來的路向助勢，卻為第一條路向幫忙，與希臘潮流相表裏。因為他是人們的覺醒，對於無理的教訓，他要自己判斷；對於腐敗的權威，他要反抗不受，這實在是同於第一路向的。他不知不覺中也把厭絕現世傾向來世的格調改去了不少。譬如在以前布教的人不得婚娶，而現在改了可以婚娶。差不多後來的耶穌教性質逐漸變化，簡直全成了第一路向的好幫手，無復第三路向之意味。勉勵鼓舞人們的生活，使他們將希臘文明的舊緒，往前開展創造出來，成功今日的樣子；而一面教權封建權之倒，復開發近世國家政治、社會組織之局面。總而言之，自文藝復興起，人生之路向態度一變，才產生我們今日所謂西方文化。考究西方文化的人，不要單看那西方文化的征服自然、科學、德謨克拉西的面目，而須著眼在這人生態度，生活路向。要引進西方化到中國來，不能單搬運，摹取他的面目，必須根本從他的路向、態度入手。〔註7〕

　　梁漱溟對文化有自己的理解，即「文化並非別的，乃是人類生活的樣法」〔註8〕，並提出了文化的三路向說。他認為，中國、印度與西方（西洋）文化分別代表了人類文化的三個路向：西方文化是「向前的路向」，印度文化是向後的路向，中國文化則是「變換、調和、持中」的路向。沿著這個思路，梁漱

〔註7〕《東西文化及其哲學》，《梁漱溟全集》（第一卷）山東人民出版社2005年版，第383～385頁。

〔註8〕《東西文化及其哲學》，《梁漱溟全集》（第一卷）山東人民出版社2005年版，第380頁。

溟從西方文化的路向入手分析西方宗教，既在「向前的路向」中肯定西方文化征服自然、崇尚科學和民主，又通過對西方文化發展軌跡的勾勒，具體闡明了科學與宗教之間的微妙關係和互動。與此相一致，梁漱溟眼中的西方宗教淵源有序，形式多變，源自希伯來的猶太教、印度宗教、西方本土的基督教以及宗教改革皆在其中。正如他強調對於西方文化「不要單看」其「征服自然、科學、德謨克拉西的面目」一樣，對於西方的宗教也不能「單看」其出世、天國的「面目」。與此同時，梁漱溟沿著中國、印度與西方文化代表人類文化的三條不同路向的邏輯，在中國與西洋不同的生活樣法中揭示、把握中西（東西）文化和宗教。於是，他聲稱：「大家都有一個根本的錯誤，就是以為人類文化總應該差不多，無論他是指說彼此的同點，或批評他們的差異，但總以為是可以拿著比的。其實大誤！他們一家一家——西洋、印度、中國——都各自為一新奇的、穎異的東西，初不能相比。三方各走一路，殆不相涉，中國既沒有走西洋或印度那樣的路，就絕對不會產生像西洋或印度的那樣東西。」〔註9〕依據梁漱溟的分析，中國與西方的生活樣法迥異，中國與西方文化屬於兩種完全不同的文化。在這個前提下，他沿著對西方文化的認定在向前看的西方文化路向中審視、評價西方宗教。

進而言之，康有為、梁漱溟對西方宗教的審視和解讀基於儒學立場，都是在儒學的視域下進行的；這一立場和視域在影響、框定兩人對西方宗教的審視和詮釋的同時，又反過來影響了兩人對儒學的整體把握和理解。具體地說，康有為、梁漱溟儘管都在儒學的視域下審視、解讀西方宗教，然而，兩人無論對西方宗教的解讀還是態度都相去甚遠。究其原因，除了對宗教的不同界定之外，還有一個重要原因，那就是：對儒學的不同界定。換言之，雖然康有為、梁漱溟都推崇儒學，但是，兩人的儒學觀大相徑庭。其中，最直觀的體現便是對儒學是否是宗教的認定。儒學究竟是否是宗教？康有為、梁漱溟的回答截然相反：康有為對儒學是宗教持肯定態度，梁漱溟堅決反對將儒學視為宗教，並且直接對康有為的觀點提出批評。

儘管康有為的宗教理念處於變化之中，然而，他的宗教理念無論如何變化都堅定不移地認定儒學是宗教，同時言之鑿鑿地加以闡述和論證。下僅舉其一斑：

〔註9〕《東西文化及其哲學》，《梁漱溟全集》（第一卷）山東人民出版社2005年版，第441頁。

佛言魂，耶言天，皆孔子所固有，不必因其同而自絕也。〔註10〕

今吾國數千年奉孔子之道以為國教，……基督尊天愛人，養魂懺罪，其在歐美，教化大彰，以之發人敬畏之心，向善遠惡之效，固無不可矣。且亦與孔子之道，多有符合焉。其稍異者，孔子尊天而兼敬祖，故仁孝並重，基督專於敬天，故但尚仁。然今在中國，欲立廢祠墓之祭掃，棄祖宗之系，恐未能也。然則苟不欲去教，而欲宜其民之風氣事勢，以養其性情，而形其法律者，不能捨孔子之道矣。〔註11〕

第一段議論出於 1898 年春，即戊戌變法之前；第二段議論出於 1912 年5、6 月間，即新文化運動之前。在此期間，中國經歷了變法維新、辛亥革命等重大事件，政治格局和文化環境都不可同日而語，康有為本人的思想以及孔教觀也發生巨大轉變。儘管如此，他對孔教的做法有兩點始終沒變：第一，在宗旨上推奉孔教，不遺餘力地證明孔教是中國的國教。第二，在手段上通過對孔教與耶教進行比較，為孔教是宗教正名。

梁漱溟曾經自我表白說：「我自民國六年十月初到大學那一天就抱的個誓為孔子釋迦打抱不平而來。」〔註12〕由此可見，梁漱溟與康有為一樣立志為孔子代言。儘管如此，梁漱溟並不贊同康有為對孔子思想的解讀和詮釋，更反對將孔子思想以及儒學視為宗教。梁漱溟認為，康有為的解讀使孔子精神喪失殆盡，於是發出了如下抨擊：「他們（指康有為和梁啟超──引者注）……不合孔子；而假借孔經，將孔子精神喪失乾淨，歡迎了反乎孔子的人生態度思想進來。他們把孔子、墨子、釋迦、耶穌、西洋道理，亂講一氣；結果始終沒有認清那個是那個！」〔註13〕梁漱溟對儒學是宗教持否定態度，反對把儒學宗教化。事實上，梁漱溟不僅駁斥康有為關於孔子是宗教家以及儒學是宗教的觀點，而且提出了自己的理由。在他看來，判斷儒學是否是宗教，最關鍵的一點是看儒學是否符合宗教的構成要件。通過對儒學、宗教的雙向考察和比較分

〔註10〕《春秋董氏學》卷六，《康有為全集》（第二集）中國人民大學出版社 2007 年版，第 373～374 頁。

〔註11〕《中華救國論》，《康有為全集》（第九集）中國人民大學出版社 2007 年版，第 326 頁。

〔註12〕《唯識述義》，《梁漱溟全集》（第一卷）山東人民出版社 2005 年版，第 251頁。

〔註13〕《東西文化及其哲學》，《梁漱溟全集》（第一卷）山東人民出版社 2005 年版，第 477 頁。

析，梁漱溟得出結論：儒學既在功能上與宗教相似，又在本質上並非宗教。這就是說，梁漱溟並不斷然否認儒學具有宗教性，只是否認儒學具有宗教所有的迷信成分而已。孔子思想以及儒學不是宗教的理由在於，「孔子只不教人迷信而已，似未嘗破除迷信。他的禮樂有宗教之用，而無宗教之弊；亦正唯其極鄰近宗教，乃排斥了宗教」〔註14〕。依據梁漱溟的說法，孔子與宗教保持著恰到好處的張力，從而使儒學既能發揮宗教之效，又可消除宗教之弊。孔子思想不是宗教的原因在於，「孔子……實是宗教最有力的敵人，因他專從啟發人類的理性作工夫。……從《論語》一書，我們更可見孔門的教法，一面極力避免宗教之迷信與獨斷（dogma），而一面務為理性之啟發。」〔註15〕儒學發揮宗教功效的奧秘在於，孔子注重禮。正是禮使孔子思想發揮了宗教的兩個功能，同時又將人引向道德之途。對此，梁漱溟解釋說：「宗教在中國卒於被替代下來之故，大約由於二者：一、安排倫理名分以組織社會；二、設為禮樂揖讓以涵養理性。二者合起來，遂無事乎宗教。此二者，在古時原可攝之於一『禮』字之內。在中國代替宗教者，實是周孔之『禮』。不過其歸趣，則在使人走上道德之路，恰有別於宗教。」〔註16〕基於上述分析和論證，梁漱溟對孔子思想即儒學與宗教的關係如是說：「凡宗教效用，他無不具有，而一般宗教荒謬不通種種毛病，他都沒有，此其高明過人遠矣。」〔註17〕

　　至此可見，康有為、梁漱溟對待西方宗教的立場是一致的，都秉持儒家立場，並且都將西方宗教置於儒學的視域下予以審視和解讀。盡管如此，兩人由於對儒學的界定以及審視西方宗教的初衷迥異其趣，最終導致對西方宗教的不同評價。

　　上述內容顯示，康有為、梁漱溟都不是單純在宗教的視域下審視、評價西方宗教的，而是在對中國與西方哲學和文化的比較中進行。其中，儒學立場既決定了兩人對西方宗教的解讀，又決定了康有為、梁漱溟對西方宗教的態度。正因為如此，只有沿著宗教與儒學兩條邏輯線索予以剖析，才能全面把握兩人

〔註14〕《中國文化要義》，《梁漱溟全集》（第三卷）山東人民出版社 2005 年版，第115 頁。

〔註15〕《中國文化要義》，《梁漱溟全集》（第三卷）山東人民出版社 2005 年版，第106～107 頁。

〔註16〕《中國文化要義》，《梁漱溟全集》（第三卷）山東人民出版社 2005 年版，第110 頁。

〔註17〕《東西文化及其哲學》，《梁漱溟全集》（第一卷）山東人民出版社 2005 年版，第 469 頁。

對西方宗教的立場和態度,進而辨梳彼此之間的異同。

第三節　對西方宗教的態度及其啟示

康有為、梁漱溟對西方宗教的態度基於對中國與西方文化的比較,受制於各自的宗教觀和文化觀也就是儒學觀,背後隱藏著對中國文化、西方文化的認定以及對二者關係的理解。儘管對兩人的結論未必全盤接受,然而,梳理、比較康有為、梁漱溟對西方宗教的立場和態度,可以得到諸多啟示和思考。

就對西方宗教的態度而論,康有為將耶教置於孔教的對立面,對西方宗教持否定乃至批判態度。梁漱溟將西方宗教與西方文化連為一體,在將西方與中國哲學、文化並列為不同路向的前提下,對西方宗教持平和、同情的態度。兩人對西方宗教的不同對待與近代中國人對西方文化的接受歷程大致相當,直觀再現了早期現代新儒家對西方宗教態度的嬗變。從中可以看到,康有為、梁漱溟對西方宗教的態度除了與各自的宗教理念和儒學立場密切相關,更主要的受制於諸多宗教之外因素的影響。這就是說,宗教並不是孤立的現象,作為文化的一部分具有多重意蘊和象徵,在中國近現代社會的特殊情形下更是如此。

無論康有為還是梁漱溟對待西方宗教的態度都具有多維視界,因而應該將之置於中國社會特殊的歷史背景和文化語境中予以審視和考察。兩人對西方宗教的立場和態度既從屬於又反作用於對西方文化的立場和態度,難免與中國當時迫在眉睫的救亡圖存、思想啟蒙、政治鬥爭和現實需要捆綁在一起。正是由於這個原因,學術之外的因素——如政治因素在其中發揮了重要作用。具體地說,康有為的以教治教與梁漱溟的「以道德代宗教」都顯示了宗教問題的意義重大,印證了宗教問題在近現代中國的至關重要,因而成為早期現代新儒家的核心話題之一。深入剖析可以發現,兩人將西方宗教置於儒學視域下的做法是一致的,秉持儒學的立場也是一致的,對西方宗教的態度卻差若雲泥。康有為對西方宗教的態度是,一面抵制一面比附,表現出矛盾心態;梁漱溟對西方宗教有評判卻無抵制,心態較為平和,態度比康有為溫和很多。

康有為、梁漱溟對待西方宗教的態度之間出現如此差異,拋開歷史背景和文化語境不論,取決於兩人關注宗教問題的不同初衷和動機:康有為基於凝聚中華民族精神的需要,為了提倡孔教而不遺餘力地樹立孔教的權威,為此而抵制耶教;梁漱溟認定儒學包括孔教不是宗教,即使提倡之也並不排斥耶教。更

為重要的是，康有為對孔教的提倡以及詮釋圍繞著救亡圖存的宗旨展開，既表現出明顯的急功近利性，又過分誇大宗教的作用。正如梁啟超在《清代學術概論》中所指出得那樣，康有為「誤認歐洲之尊景教為治強之本，故恒欲儕孔子於基督，乃雜引讖緯之言以實之」〔註 18〕。梁漱溟彰顯宗教的情感勖勉和超絕、神秘性質，對包括西方宗教在內的宗教的探討並沒有與政治鬥爭直接聯繫在一起。如果說康有為、梁漱溟審視西方宗教的不同初衷和動機導致對西方宗教的不同態度和評價的話，那麼，決定兩人不同初衷和動機的則是政治家與學問家的不同身份。政治家的身份使康有為對西方宗教的態度和對待服務於政治需要，學問家的身份使梁漱溟將西方宗教視為西方文化的組成部分而側重學術研究。這樣一來，儘管兩人都秉持儒學立場審視西方宗教，最終卻做出了不同的解讀和評價。

　　與此同時，考察康有為、梁漱溟對待西方宗教的立場和態度，既要從個人方面探究原因，也要從時代方面探究原因，從而予以多維度、全方位的解讀和評判。一方面，康有為、梁漱溟秉持不同的學術意趣，擁有不同的學術經歷和理論素養。正因為如此，兩人無論對儒家、宗教的理解還是對西方宗教、文化的立場和態度都顯示出不容忽視的差異。另一方面，康有為、梁漱溟處於不同的時代，迥異的歷史背景和文化語境使兩人形成了不同的宗教觀和文化觀。如果說康有為、梁漱溟對待西方宗教的不同態度受制於兩人的宗教觀、文化觀的話，那麼，康有為、梁漱溟的宗教觀、文化觀背後則隱藏著不同的歷史背景和文化語境。具體地說，康有為是近代哲學家，處於近代的宗教熱中，故而對宗教如醉如癡，以至於將拯救中國的希望寄託於宗教（孔教）。梁漱溟是現代哲學家，處於新文化運動如火如荼之時，取代宗教之聲不絕於耳，故而對宗教的去留問題津津樂道。康有為、梁漱溟都對西方宗教採取了儒學的立場，但是，兩人對儒學的建構卻採取了不同的範式。一言以蔽之，康有為秉持宗教路向，梁漱溟秉持學術路向。從這個意義上說，兩人對儒學的不同建構以及對西方宗教的不同態度是不同時代面對不同的問題所致，表明儒學在不同時期具有不同的樣式。這向人們昭示：對包括儒學在內的中華優秀傳統文化的創造性轉化和創新性發展必須立足時代，把握時代脈搏。儒學只有本著問題意識，扎根實踐沃土，回應時代的呼喚，關注大眾普遍關心的問題，才有旺盛的生命力。康

〔註 18〕《清代學術概論》,《梁啟超全集》（第五冊）北京出版社 1999 年版，第 3098
　　　頁。

有為、梁漱溟對儒學的建構之間相差懸殊卻都意義重大而影響深遠，秘訣在於抓住了時代亟待解決的問題，從時代需要出發解讀、詮釋和建構儒學。這意味著儒學從來都不是坐而論道或僵死的教條，而是具有鮮活的生命力。這便是梁漱溟所說的「精神」。有鑑於此，儘管康有為、梁漱溟都堅守儒家立場，然而，兩人在對中國文化的整體認定和建構儒學的具體操作上採取了不同辦法。其間的最大分歧在於，康有為是戊戌變法的政治領袖，秉持政治儒學的路線，試圖將儒學政治化；梁漱溟是學問家，始終從學術上——從他的具體側重來說從道德、文化和哲學的維度論證儒學。這些恰恰證明，儒學內涵豐富，形式多樣，可以從不同維度予以解讀、詮釋和闡發。

中國近現代哲學以鴉片戰爭為開端，從產生的那一刻起便面臨著中西古今之辨。正是由於這個原因，無論康有為還是梁漱溟對西方宗教的立場和態度都涉及中國與西方哲學、宗教以及文化的比較，特別是二者之間的優劣得失問題。這意味著兩人始終要面對如何處理中國文化與西方文化的關係問題。在這個問題上，正如整個思想界交織著堅守中國本土文化與唯西學馬首是瞻的爭論一樣，矛盾心態時常縈繞在近代哲學家的心中。具體到康有為、梁漱溟對待中西文化和宗教的態度上，康有為與梁漱溟相比較更為矛盾複雜：從康有為在《大同書》中設想同一文化、同一語言文字特別是以西方的字母文字代替包括漢字在內的象形文字來看，他沿著世界主義、大同主義的思路，放棄了中國文化。不僅如此，康有為早年對孔教與耶教的比附、攀援也表現出文化絕對主義傾向。儘管如此，他越向後期越凸顯中國文化的特質，弘揚中國文化的初衷更是始終如一。從這個意義上說，康有為與梁漱溟一樣力挺中國文化，並且恪守儒學立場。深入比較、分析不難發現，康有為的以教治教與梁漱溟的以道德代宗教秉持相同的立言宗旨，那就是：挺立以儒學為代表的中華文化精神。兩人的中西文化觀、文化觀大致相同，都推崇中國的儒家文化。這大概也是康有為、梁漱溟一個被譽為現代新儒家的先驅、一個被奉為現代新儒家之開山的原因所在。兩人的分歧只限於儒學觀，即對儒學的具體理解。從大的背景來看，康有為、梁漱溟都秉持儒家立場，對西方宗教的態度流露出鮮明的民族主義立場。兩人是在中華民族落後於時代的歷史背景下審視中西文化，並沿著這個思路評價和對待西方宗教的。在此過程中，康有為、梁漱溟面對強勢的西方文化，尊重、珍惜中華民族歷史文化的薪火相傳，反映出中國的知識分子對民族文化的反思反省和憂患意識。儘管康有為、梁漱溟對中西文化以及西方宗教的立場

和態度迥異其趣，然而，兩人都基於中國文化——準確地說，基於儒家文化的立場審視、評價西方宗教，在中國宗教、文化與西方宗教、文化的比較中堅守、發揚中國文化。

康有為、梁漱溟對西方宗教的立場和態度基於對儒學的研究，也是在新的時代下對儒學的詮釋和發展。康有為認為孔教是中國的國教，既肯定儒家文化是中國文化的主流，又包含儒學是宗教的判斷。梁漱溟認為中國文化以儒學為主體，而儒學是道德形態的，儒學以及中國文化並不以宗教為主流或中心。正因為如此，梁漱溟並不像康有為那樣連篇累牘地論證孔子的思想以及儒學是宗教。他對宗教問題的探討出於對中西哲學與文化的比較，而對中西哲學與文化的比較則出於對中國文化以及命運的探討。康有為開創了對儒家思想以及中國哲學、文化與宗教關係的比較研究，啟發了後來者對這一問題的思考和研究，梁漱溟便是現代新儒家中的代表。誠然，梁漱溟並不贊同乃至堅決駁斥康有為關於孔子思想以及儒學是宗教的觀點，而這並不妨礙他肯定康有為對於儒學所作的貢獻。事實上，梁漱溟對康有為的貢獻有過一段中肯的評價，大意是說，康有為包括梁啟超在內從人生哲學的角度解讀孔子思想，這個大方向是對的，因而開啟了解讀孔子思想的新思路，成為現代新儒家之濫觴。這是因為，「到清代實只有講經的一派，這未始於孔學無好處，然孔家的人生無人講究，則不能否認。講經家兩眼都是向外，又只就著書本作古物看，內裏生活原自拋卻，書上思想便也不管。……講經家中有所謂今文家者出，到康長素、梁任公益呈特彩。蓋於治經家向無人生態度可見者，而到了他們卻表出一種人生態度。他們這種人生態度自己也很模糊，不知其不合孔子；而假借孔經，將孔子精神喪失乾淨，歡迎了反乎孔子的人生態度思想進來。他們把孔子、墨子、釋迦、耶穌、西洋道理，亂講一氣；結果始終沒有認清那個是那個！然非其雜引攪擾之功，亦不能使中國人數千年來成了人生態度混亂的時代，不有此活動混亂的時代，亦不能開此後之新局——如我所測，或者中國人三數年間其不能不求得一新人生路向耶！」〔註 19〕對儒學的反思和反省仍在進行，當下儒學是否是宗教的爭議便是這一思考的延續。

〔註 19〕《東西文化及其哲學》，《梁漱溟全集》（第一卷）山東人民出版社 2005 年版，
　　　　第 476～477 頁。

第八章　康有為對老子與墨子的比較

　　中國近代是傳統文化遭遇前所未有的空前危機的時代，也是中國人第一次全面回顧精神家園的時代。因此，在近代哲學家對中國本土文化的審視中，先秦哲學作為中國文化的源頭活水成為學術熱點，先秦諸子之間的關係也隨之進入學術視野。就先秦諸子來說，孔子與老子和墨子、孟子與荀子以及老子與莊子的關係頗受關注，老子與墨子兩個人之間的關係顯然不是近代哲學家的關注焦點。與同時代的其他哲學家不同的是，康有為反覆對老子與墨子予以比較。不論康有為對兩人思想之異同互見的揭示還是比較之全面多樣都遠非其他近代哲學家所及，也使老子與墨子的關係成為他的孔教觀的一部分，因而具有了不可忽視的重要意義。

第一節　學術歸屬和命運

　　康有為對老子與墨子的身份認定和學術歸屬極為相似，這使兩人在康有為那裏的命運絕似——時而歸為孔子之學，時而與孔子爭教；在前一種情況下，老子、墨子的身份都是孔子後學，並且都是得孔子大道於萬一的「一曲之士」；在後一種情況下，兩人作為創教者都擁有教主的身份，並且都是與孔子爭教最盛者。

一、老子、墨子都是孔子後學

　　出於推崇孔子的目的，康有為宣稱「百家皆孔子之學」，進而將老子、墨

子歸到了孔子的麾下。康有為明確指出，老子、墨子的思想都源自孔子。康有為在判定兩人為孔子後學之時拿出了自己的證據，讓人感覺他的論點言之鑿鑿，有理有據。於是，康有為不厭其煩地聲稱：

> 老子之清虛、柔退，出於孔子；墨子兼愛，亦出孔子。〔註1〕

> 老子之學，得孔子之一端。〔註2〕

> 老氏之學乃孔子一體，不得謂孔子無之。〔註3〕

> 《淮南》謂墨子學孔子之道。〔註4〕

> 墨子內稱文子，是子夏弟子，疑墨子為孔子三傳弟子。〔註5〕

值得注意的是，康有為在將老子、墨子歸為孔子後學的前提下，一再強調兩人只傳孔子大道之「一端」「一體」，與孔子嫡派──孟子沒有可比性，當然也無法與傳孔子「性天之學」的莊子相比。沿著這個思路，康有為借莊子之口將老子、墨子貶斥為孔子道術裂而只得孔子之學於萬一的「一曲之士」。正是在這個意義上，他寫道：

> 六藝也，孔子日以教人。若夫性與天道，則孔子非其人不傳。性者，人受天之神明，即知氣靈魂也。天道者，鬼神死生，晝夜終始，變化之道。今莊子所傳子贛之學，所謂量無窮，時無止，終始無，故物無貴賤，自貴而相賤。因大而大之，萬物莫不大；因小而小之，萬物莫不小；因有而有之，萬物莫不有；因無而無之，萬物莫不無。明天地之理，萬物之情，不開人之天，而開天之天者。子贛驟聞而讚歎形容之。今以莊子傳其一二，尚精美如此，子贛親聞大道，更得其全，其精深微妙，不知如何也。此與《中庸》所稱「聲色化民，末也；上天之載，無聲無臭，至矣！」合參之，可想像孔

〔註1〕《萬木草堂口說・學術源流》，《康有為全集》（第二集）中國人民大學出版社2007年版，第145頁。

〔註2〕《萬木草堂口說・學術源流》，《康有為全集》（第二集）中國人民大學出版社2007年版，第138頁。

〔註3〕《南海師承記・講宋學》，《康有為全集》（第二集）中國人民大學出版社2007年版，第252頁。

〔註4〕《萬木草堂口說・諸子》，《康有為全集》（第二集）中國人民大學出版社2007年版，第175頁。

〔註5〕《萬木草堂口說・諸子》，《康有為全集》（第二集）中國人民大學出版社2007年版，第177頁。

子性與天道之微妙矣。莊子傳子贛性天之學，故其稱孔子曰：古之人其備乎！配神明，醇天地，育萬物，和天下，澤及百姓，明於本數，繫於末度，六通四辟，小大精粗，其運無乎不在。其明而在數度者，舊法世傳之，史尚多有之。其在於《詩》、《書》、《禮》、《樂》者，鄒魯之士，搢紳先生，多能明之。《詩》以道志，《書》以道事，《禮》以道行，《樂》以道和，《易》以道陰陽，《春秋》以道名分。其數散於天下，而設於中國者；百家之學，時或稱而道之。天下大亂，賢聖不明，道德不一，天下多得一察焉以自好；譬如耳目鼻口，皆有所明，不能相通。猶百家眾技也，皆有所長，時有所用。雖然，不該不遍，一曲之士也；判天地之美，析萬物之理，察古人之全，寡能備於天地之美，稱神明之容。是故內聖外王之道，闇而不明，鬱而不發，天下之人，各為其所欲焉以自為方。悲夫！百家往而不反，必不合矣。後世之學者，不幸不見天地之純，古人之大體，道術將為天下裂。按莊子所稱「明而在數度者，舊法世傳」，即夫子之文章可得而聞也。若性與天道，則小大精粗，無乎不在。以莊子之肆恣精奇，而抑老、墨諸子為一曲之士，尊孔子為神明聖王，稱為備天地之美，稱神明之容，又悲天下不聞性與天道，不得其天地之純，各執一端，而孔子大道闇而不明，鬱而不發。〔註6〕

康有為的這個說法承認老子、墨子的思想來源於孔子，卻強調莊子得孔子非其人不傳的性與天道（「性天之學」），老子、墨子充其量只得孔子「日以教人」的六藝之傳。造成這種局面的原因除了老子「只偷得半部《易經》」、墨子「只偷得半部《春秋》」之外，兩人都不學《詩》也在其中。對此，康有為解釋說：「《春秋》之為孔子作，人皆知之。《詩》亦為孔子作，人不知也。儒者多以二學為教，蓋《詩》與《春秋》尤為表裏也。儒者乃循之，以教導於世，則老、墨諸子不循之以教可知也。《詩》作於文、武、周公、成、康之盛，又有商湯、伊尹、高宗，而以為衰世之造，非三代之盛，故以為非古，非孔子所作而何？」〔註7〕這表明，雖然老子、墨子的思想皆源自孔子，然而，兩人的

〔註6〕《論語注》，《康有為全集》（第六集）中國人民大學出版社2007年版，第411～412頁。

〔註7〕《孔子改制考》卷十，《康有為全集》（第三集）中國人民大學出版社2007年版，第129頁。

思想與莊子沒有可比性，從傳承源頭上就注定了兩人「不該不遍」的命運；至於康有為認定老子、墨子對「內聖外王之道，闇而不明，鬱而不發」，則印證了康有為將兩人歸為孔子後學時念念不忘其只得孔子大道之「一端」「一體」的說法。至此可見，康有為認定老子、墨子同為孔子後學的學術傳承如出一轍，只得孔子大道於萬一的地位更是別無二致。

二、「孔子爭教盛者，老、墨二家」

除了同樣屬於孔子後學之外，康有為視界中的老子、墨子有時獨立於孔學之外，成為獨立創教的教主。在這個意義上，老子、墨子與孔子各創一教，思想主旨各不相同。例如，拿託古來說，「老子託黃帝，墨子託大禹。……孔子託堯、舜，則言人人殊。」〔註8〕與肯定老子、墨子屬於孔子後學時強調兩人的思想來自孔子有別，老子、墨子獨立創教時，康有為特別強調兩人的思想都與孔子相悖。具體地說，道有陰陽，過猶不及。孔子尚中庸，致中和，老子、墨子的具體情況有別——或者過，或者不及，卻一樣不能中和。對此，康有為不遺餘力地斷言：

> 中和是孔子之大義。〔註9〕

> 君子時中，孔子皆因其時而發之。〔註10〕

> 反中庸之小人，指當時改制諸子。〔註11〕

> 中者，孔子制度皆是，楊、墨皆不中。〔註12〕

依據上述議論，孔子的思想因時而發，從不固執己見。諸子創教從根本上說都與孔子爭教，故而都與時中原則背道而馳。在此基礎上，他進一步指出，在與孔子爭教的諸子中，老、墨兩家資格最老，是孔教最主要的敵人。於是，康有為連篇累牘地聲稱：

〔註 8〕《康南海先生講學記·古今學術源流》，《康有為全集》（第二集）中國人民大學出版社 2007 年版，第 110 頁。

〔註 9〕《萬木草堂講義·七月初三夜講源流》，《康有為全集》（第二集）中國人民大學出版社 2007 年版，第 292 頁。

〔註10〕《萬木草堂講義·中庸》，《康有為全集》（第二集）中國人民大學出版社 2007 年版，第 292 頁。

〔註11〕《萬木草堂口說·中庸》，《康有為全集》（第二集）中國人民大學出版社 2007 年版，第 167 頁。

〔註12〕《萬木草堂口說·中庸》，《康有為全集》（第二集）中國人民大學出版社 2007 年版，第 171 頁。

　　戰國與孔子爭教盛者，老、墨二家。〔註13〕

　　諸子之教，以老、墨為最老輩。〔註14〕

　　信道最篤，莫如回之擇《中庸》。守道之勇，莫如子路，故舉出來。後世有述，指當時老、墨等。〔註15〕

　　生今反古，老、墨皆是。〔註16〕

　　按照康有為的說法，一方面，老子、墨子等人之所以紛紛創教，就是為了與孔子爭席。另一方面，《中庸》等經典的出現則正是針對老子、墨子為首的戰國諸子的反中庸。基於這種認識，康有為指出，墨子與老子一樣反中庸，孔子後學歷來都以攻擊兩人為己任。其實，除了《中庸》之外，作為孔子戰國「二伯」的孟子和荀子也都以老子、墨子為攻擊對象，只不過是「荀稱老、墨，孟稱楊、墨」〔註17〕而已。

　　這樣一來，老子、墨子在康有為的視界中便擁有了兩套身份：一是作為「一曲之士」的孔子後學，一是獨立創教的教主。顯而易見，老子、墨子時而屬於孔子後學、時而獨立創教的兩套身份之間是矛盾的，然而，在康有為那裏卻是順理成章的。這是因為，康有為所講的孔教有廣義與狹義之分，老子、墨子的身份便取決於此：在廣義的孔教中，孔教作為中國本土文化的代名詞包括全部中國本土文化，老子、墨子的思想便一起被歸入孔子之學；在狹義的孔教中，孔教在內容上與儒家重合，老子和墨子一起被逐出孔門，並且一起成為與孔子爭教最盛者。這樣一來，分屬於兩套孔教之中的老、墨的身份呈現出極大的張力。值得一提的是，老子和墨子身份的相同性隱藏著相同的審視維度或判斷標準，那就是：兩人與孔子或孔教的關係。這是康有為從不同角度不厭其煩地對老子和墨子加以比較的初衷，也決定了其獨特的比較視角和結論。其實，正是老子、墨子與孔子、孔教的關係以及康有為獨特的比較視角使老子、墨子之間

〔註13〕《萬木草堂口說‧諸子》，《康有為全集》（第二集）中國人民大學出版社 2007年版，第 176 頁。

〔註14〕《康南海先生講學記‧古今學術源流》，《康有為全集》（第二集）中國人民大學出版社 2007 年版，第 105 頁。

〔註15〕《萬木草堂口說‧中庸》，《康有為全集》（第二集）中國人民大學出版社 2007年版，第 167 頁。

〔註16〕《萬木草堂口說‧中庸》，《康有為全集》（第二集）中國人民大學出版社 2007年版，第 168 頁。

〔註17〕《萬木草堂口說‧諸子（三）》，《康有為學術文化隨筆》中國青年出版社 1999年版，第 28 頁。

具有了諸多的可比性。

不僅如此，康有為對老子、墨子身份歸屬的認定如出一轍，原因也別無二致。康有為思想中的兩套孔子之學所產生的邏輯上的矛盾和混亂使老子、墨子的身份以及「百家」「九流」的歸屬都成了尷尬的問題：在廣義孔學的視界中，老學和墨學皆孔子之學；在狹義孔學的視界中，孔子之學與老學（道家）、墨學（墨家）是相對獨立的，並不是上面所說的包含關係，而是並列關係，甚至是競爭或對立關係。對於狹義的孔子之學來說，老子、墨子不僅別立學派，而且在思想旨趣上與孔子是對立的；在這個維度上，與對孔子的推崇相一致，康有為在抬高孔子的同時貶低老子和墨子，甚至對兩人大加詆毀。因此，這樣的話由康有為說出來並不令人感到意外：

> 老子之學，貽禍最酷。〔註18〕

> 老子言失道而后德，失德而後仁，失仁而後義，此說最謬。〔註19〕

> 老子險狠到極，外似仁柔，如貓之捕鼠耳。申、韓皆祖老氏也。

〔註20〕

> 老子言夫治「非以明民，將以愚之」，開始皇焚書之禍。〔註21〕

在上述議論中，康有為給予老子的評價都是負面的。與此類似，康有為對墨子下面的這個評價也是在墨子不屬於孔子之學的維度上發出的，並且與他對墨子的正面評價之間反差很大：「墨子專攻孔子，改三年喪為三月，改親迎、薄葬、非樂、非命，能以死教人，悍極。」〔註22〕在康有為的思想中，當老學、墨學作為孔子之學的對立面時，他對老子、墨子作如此評價是合乎邏輯的，卻在客觀上造成了極大的尷尬和衝突：一方面，與兩人被歸屬於孔子之學時的評價出入太大甚至相互矛盾，這勢必衝擊康有為整個思想的連貫性和統一性。另一方面，這些負面評價影響到對老子、墨子本人的印象和整

〔註18〕《萬木草堂口說·諸子》，《康有為全集》（第二集）中國人民大學出版社 2007 年版，第 178 頁。

〔註19〕《萬木草堂口說·諸子》，《康有為全集》（第二集）中國人民大學出版社 2007 年版，第 177 頁。

〔註20〕《萬木草堂口說·學術源流（七）》，《康有為學術文化隨筆》中國青年出版社 1999 年版，第 13 頁。

〔註21〕《萬木草堂口說·諸子》，《康有為全集》（第二集）中國人民大學出版社 2007 年版，第 177 頁。

〔註22〕《萬木草堂口說·學術源流》，《康有為全集》（第二集）中國人民大學出版社 2007 年版，第 144 頁。

體評價，反過來給他們的教主——孔子帶來不良影響。進而言之，康有為對老子、墨子的評價彼此之間之所以相差如此懸殊，關鍵取決於他對兩人與孔子以及孔教關係的認定。

第二節　思想內容和特點

在康有為那裏，身份歸屬和學術命運的絕似使老子與墨子之間具有了諸多的可比性。如果說康有為對兩人的學術歸屬以同為主的話，那麼，兩人的思想和教旨則以異為主——無論康有為認定兩人屬於孔子後學還是獨立創教都是如此。

一、「老氏之學，失諸虛。墨氏之學，失諸實」

在屬於孔子後學並且皆為「一曲之士」的情況下，康有為極力彰顯老子、墨子思想的差異性。康有為指出，孔子之道博大精深、無所不包，只得孔學之「一體」「一端」的老子與墨子傳承的內容各不相同。就經典文本來說，老子傳承的是《易》，墨子傳承的是《春秋》。康有為聲稱：「老子之學，只偷得半部《易經》。墨子之學，只偷得半部《春秋》。」〔註23〕進而言之，作為孔子後學的「一曲之士」，老子、墨子都不是孔學正宗——正如不論是傳承《易》還是《春秋》都「只偷得半部」，並且不得其大旨一樣。這就是說，儘管老子、墨子在孔學中的身份和地位相同，然而，兩人思想的具體內容和表現卻迥然懸殊。這用康有為本人的話說便是：

老學遊戲於孔學之中。〔註24〕

墨者夷之言儒者之道。〔註25〕

按照康有為的說法，作為與孔子爭教者，老子、墨子都與孔子思想相悖，具體情況則恰好相反：或者一個過，一個不及；或者一個失諸虛，一個失諸實。總之，老子、墨子都固守一端，皆與孔子的時中相反。對此，康有為不止一次地比較說：

〔註23〕《萬木草堂口說·學術源流》，《康有為全集》（第二集）中國人民大學出版社2007年版，第144頁。

〔註24〕《諸子一》，《南海康先生口說》中山大學出版社1985年版，第46頁。

〔註25〕《萬木草堂口說·孔子改制》，《康有為全集》（第二集）中國人民大學出版社2007年版，第152頁。

　　老氏之學，失諸虛。墨氏之學，失諸實。〔註26〕

　　過之者，墨子也。不及者，老子、楊子諸子也。專指異教言。
〔註27〕

　　除此之外，康有為對老子與墨子的關係還有這樣的表述：「智者，老、墨
一派。愚者，申、韓一派。」〔註28〕這個說法將老子和墨子同樣歸為「智者」
一派，與申不害、韓非代表的「愚者」一派相反，似乎認定老子、墨子的思想
是一致的而非相反的。其實不然，主要理由有二：第一，這裡所講的「智者」
與「愚者」並不專指思想內容，而是側重思維方式。第二，儘管康有為肯定老
子、墨子都屬於「智者」，同時指出兩人的具體情況卻恰好相反——如果說「老
子知者過之」〔註29〕的話，那麼，墨子則知之不及。正是在這個前提下，康有
為一面指責老子之術隱藏欺詐，心術極壞；一面指出墨子之術特別淺薄，全是
粗跡，即「儒家言命以範人心，設樂以和人志，墨氏皆非之。蓋墨氏全是粗跡，
毫無精義」〔註30〕。在某些場合，康有為講過老學其術淺的話。例如：「老、
楊皆以攻名為義，妨其自然也。然彼欲人不爭而去其名，不知人不爭名而爭利，
其爭更甚，其術亦淺矣哉。」〔註31〕值得注意的是，這句話不是在老子與墨子
比較的維度上發出的。更為重要的是，全面考察康有為的思想可以看出，老子
是智於墨子的。這些從不同方面共同證明了老子與墨子思想的不同，並且，正
是老子、墨子思想的不同決定了兩人的不同命運。對此，康有為的概括是：「墨
學戰國時與孔子並，至漢，墨學衰。老學盛於魏、晉、六朝，蓋墨學能行而不
能傳，老學能傳而不能行。」〔註32〕

〔註26〕《康南海先生講學記·古今學術源流》，《康有為全集》（第二集）中國人民大
　　　　學出版社 2007 年版，第 110 頁。

〔註27〕《萬木草堂口說·中庸》，《康有為全集》（第二集）中國人民大學出版社 2007
　　　　年版，第 167 頁。

〔註28〕《萬木草堂口說·中庸》，《康有為全集》（第二集）中國人民大學出版社 2007
　　　　年版，第 174 頁。

〔註29〕《萬木草堂講義·中庸》，《康有為全集》（第二集）中國人民大學出版社 2007
　　　　年版，第 292 頁。

〔註30〕《康南海先生講學記·古今學術源流》，《康有為全集》（第二集）中國人民大
　　　　學出版社 2007 年版，第 109 頁。

〔註31〕《萬木草堂口說·列子》，《康有為全集》（第二集）中國人民大學出版社 2007
　　　　年版，第 207 頁。

〔註32〕《康南海先生講學記·古今學術源流》，《康有為全集》（第二集）中國人民大
　　　　學出版社 2007 年版，第 110 頁。

　　基於上述認識，康有為特意指出，墨子比老子對孔教的威脅還要大，甚至可以說，是孔教的頭號敵人。這主要可以從以下兩個方面去理解：第一，「墨子弟子極盛」〔註33〕，勢力強大，影響也大。這用康有為本人的話說便是：「故諸子所稱，皆儒、墨並舉。與孔教爭教者，墨子也。」〔註34〕第二，老學不如墨學縝密，墨學的殺傷力更大。對於這一點，康有為專門進行了比較說明：「與孔子勁敵者莫如墨子，老子不及也。墨子條理甚密，老子工於藏拙。老子之教為我，墨子兼愛，但無差等，卒不能行，至今不滅者惟老學。」〔註35〕

　　總之，在康有為那裏，無論是否屬於孔子後學，老子與墨子的思想都相差懸殊，故而不可同日而語。特別是在與孔子爭教的前提下，老子、墨子從兩個極端共同凸顯、印證了孔子的時中致和、應時變通。正是在這個意義上，康有為一再強調孔子是大醫，孔子的高明之處在於根據具體病情臨時發藥，與老子、墨子的固守一端截然不同。

二、老、佛相混，墨、耶絕似

　　老子與墨子思想的具體差異形成了兩人思想的理論特徵，也使老學與墨學在全球多元文化的映襯下各具特色。對此，康有為的總體看法是：老、佛相混，墨、耶絕似。

　　首先，康有為強調，老學與佛學相似。具體地說，教為人而設，道不遠人。老子卻遠人以為道，故而與佛教相近。

　　康有為宣稱：「孔子立法以制人者也，老、佛恐為人所制者者也。」〔註36〕這一點表明，老學與佛學不是具體觀念的偶然相合，而是思維方式和價值觀念上的相通，故而二者的相似、相通之處比比皆是，以至於混合為一。正是在這個意義上，康有為連篇累牘地宣稱：

　　　　老子於佛之意，亦有領會，然以守魄為主。〔註37〕

〔註33〕《萬木草堂講義‧七月初三夜講源流》，《康有為全集》（第二集）中國人民大學出版社 2007 年版，第 283 頁。

〔註34〕《康南海先生講學記‧古今學術源流》，《康有為全集》（第二集）中國人民大學出版社 2007 年版，第 105 頁。

〔註35〕《康南海先生講學記‧古今學術源流》，《康有為全集》（第二集）中國人民大學出版社 2007 年版，第 105 頁。

〔註36〕《萬木草堂口說‧春秋繁露》，《康有為全集》（第二集）中國人民大學出版社 2007 年版，第 206 頁。

〔註37〕《萬木草堂口說‧諸子》，《康有為全集》（第二集）中國人民大學出版社 2007 年版，第 177 頁。

佛託之於「七緯」，老子託之於「三清」。〔註38〕

六朝時，尚老、莊之風未泯，六朝最好九品中正，晉朝老學盛，佛學由此興。〔註39〕

晉朝掃盡經學，專宗老、莊。至南朝宋尚詞章，兼談佛學。〔註40〕

盡唐之世，皆古文之學，而老學、佛學亦盛行，亦為唐代一朝之風氣。〔註41〕

按照康有為的說法，老子與佛教思想的相通性從養生到託古不一而足，這奠定了二者相混的思想基礎，也是佛學乘老學在中土而興的根本原因。有鑑於此，康有為多次老、佛並提，並且將魏晉玄學和宋明理學視為老、佛思想相互混合的產物。對此，康有為多次以宋明理學為例加以證明。下僅舉其一斑：

宋儒皆從佛、老來。〔註42〕

朱子之學短，左有墨學，有佛學，有老學，故攻人好名，非孔子之學。〔註43〕

其次，在著力論證老、佛相通的同時，康有為突出墨、耶的一致。

誠然，康有為承認墨學與佛教有相似之處，「佛舍其類而愛其混」〔註44〕便類似於墨子的兼愛。對此，康有為解釋說：「愛無差等，與佛氏冤親平等相近。平等之義，但言人類平等則可，孔子所以有升平太平之說。若愛，則雖太平大同亦有差等，蓋差等乃天理之自然，非人力所能強為也。父母同於路人，以路人等於父母，恩愛皆平，此豈人心所忍出乎？離於人心，背於天理，教安

〔註38〕《萬木草堂口說‧春秋繁露》，《康有為全集》（第二集）中國人民大學出版社 2007 年版，第 205 頁。

〔註39〕《萬木草堂講義‧七月初三夜講源流》，《康有為全集》（第二集）中國人民大學出版社 2007 年版，第 286 頁。

〔註40〕《萬木草堂口說‧學術源流》，《康有為全集》（第二集）中國人民大學出版社 2007 年版，第 144 頁。

〔註41〕《康南海先生講學記‧古今學術源流》，《康有為全集》（第二集）中國人民大學出版社 2007 年版，第 111 頁。

〔註42〕《南海師承記‧講宋學》，《康有為全集》（第二集）中國人民大學出版社 2007 年版，第 254 頁。

〔註43〕《萬木草堂講義‧七月初三夜講源流》，《康有為全集》（第二集）中國人民大學出版社 2007 年版，第 288 頁。

〔註44〕《萬木草堂口說‧孔子改制》，《康有為全集》（第二集）中國人民大學出版社 2007 年版，第 152 頁。

能行？」〔註45〕從中不難看出，康有為認為，墨子的兼愛無差等，與佛教的冤親平等相類，有悖人類親親、愛類的本能。除此之外，康有為還說過：「墨子之道，與佛相類，而墨子行於身前，佛氏行於身後。墨子行之速，故敗之速。佛氏行之漸，故延蔓至今日。佛氏無父母妻子，故全講虛理。墨有父母妻子，故全講實制。」〔註46〕儘管如此，總的說來，與「墨者夷之言儒者之道」的論點相一致，康有為更關注墨學與西學的圓融性和親緣性，始終突出墨學與西方思想的相似、相通和相同之處。

其一，康有為強調墨學與西學相合──確切地說，西學本於墨學，墨學勝於西學。

對於這一點，康有為十分重視，故而多次拿出證據加以說明和論證。下僅舉其一斑：

墨子正開西學派。〔註47〕

西學多本墨子。〔註48〕

歐洲甚行墨學。〔註49〕

西法之立影、倒影，元朝始考出，墨子已先言之。〔註50〕

墨子之學，與泰西之學相似。所以鄒特夫先生云：墨子之教流於泰西，其中多言「尊天」、「明鬼」之說。〔註51〕

隨著西學的大量東漸，中國近代文化具有了全球多元的文化視野。正是在全球化、多元化的文化視界中，康有為斷言：「西學似孔、墨。」〔註52〕對此，

〔註45〕《孟子微》，《康有為全集》（第五集）中國人民大學出版社 2007 年版，第 497 頁。

〔註46〕《康南海先生講學記・古今學術源流》，《康有為全集》（第二集）中國人民大學出版社 2007 年版，第 110 頁。

〔註47〕《萬木草堂講義・七月初三夜講源流》，《康有為全集》（第二集）中國人民大學出版社 2007 年版，第 283 頁。

〔註48〕《萬木草堂口說・諸子》，《康有為全集》（第二集）中國人民大學出版社 2007 年版，第 179 頁。

〔註49〕《萬木草堂講義・七月初三夜講源流》，《康有為全集》（第二集）中國人民大學出版社 2007 年版，第 284 頁。

〔註50〕《萬木草堂口說・諸子》，《康有為全集》（第二集）中國人民大學出版社 2007 年版，第 180 頁。

〔註51〕《康南海先生講學記・墨家》，《康有為全集》（第二集）中國人民大學出版社 2007 年版，第 117 頁。

〔註52〕《萬木草堂口說・諸子》，《康有為全集》（第二集）中國人民大學出版社 2007 年版，第 180 頁。

他以蘇格拉底為例進行了具體論證：「希臘盛時，索革底言學。其學言修、齊、治、平，似孔子。約己濟人，似墨子。」〔註53〕與此類似的還有，康有為認為仁是孔教、佛教與耶教的共同點，表明孔教與耶教是相通的，都可以歸結為仁學派而非老子的不仁派。

值得注意的是，在康有為那裏，孔學、墨學都與西學具有相似性、相同性，具體領域卻大不相同：孔學與西學的相通主要表現在自由、平等和民主等政治、經濟、法律等人文、社會科學領域，墨學與西學的相通則包括自然科學和宗教等領域。這就是說，墨子的思想與西學的相似、相通是全方位的，表現在自然科學與社會科學方方面面，遠非他人所能及。在康有為看來，與西學密切相關不僅成為墨學的內容，而且成為其最主要的特徵：第一，就自然科學而言，墨學與西學的相通以光學、重學（力學）為代表。第二，就社會科學而言，西方人所講的「尊天」「明鬼」之說都是墨學西傳的結果，其間的相通性甚至一致性自不待言。

其二，在肯定西學源於墨子、與墨學息息相通的基礎上，康有為尤其突出墨子之教與耶教（基督教）的相似性和相通性。

耶教是西學的一部分，甚至可以說是西學的基本形態。因此，康有為強調墨學與西學相通便在某種程度上肯定了墨子之教與耶教的相似、相通。在這個前提下，他多次對墨子與耶穌予以比較和觀照，從不同角度彰顯墨子與耶穌的相通性。對此，康有為不厭其煩地論證說：

耶穌近於墨子。〔註54〕

墨子頗似耶穌，能死，能救人，能儉。〔註55〕

墨氏絕似耶氏，墨滅而耶昌者，地中海之故也。地中海各國環繞，急則易逃，墨氏生於中國，無地中海可逃。〔註56〕

墨子傳教最勇悍，其弟子死於傳教者百餘人。耶穌亦然。耶穌

〔註53〕 《萬木草堂口說·諸子》，《康有為全集》（第二集）中國人民大學出版社2007年版，第180～181頁。

〔註54〕 《萬木草堂講義·七月初三夜講源流》，《康有為全集》（第二集）中國人民大學出版社2007年版，第283頁。

〔註55〕 《萬木草堂口說·諸子》，《康有為全集》（第二集）中國人民大學出版社2007年版，第179頁。

〔註56〕 《萬木草堂口說·諸子（二）》，《康有為學術文化隨筆》中國青年出版社1999年版，第26頁。

　　身後十三傳弟子，皆死於傳教。〔註57〕

　　這就是說，墨子與耶穌人格絕似，所創之教的「能死，能救人，能儉」頗似，不怕死的勇悍傳教方式更是如出一轍。

　　至此可見，康有為的視界中，正如老、佛是本質上相通一樣，墨學與西學也不是細枝末節的偶然巧合，甚至與老、佛的相通相比有過之而無不及。依據康有為的分析，如果說老、佛尚分屬於兩家的話，那麼，墨學與西學可以視為一家——西學源於墨學，是墨學西傳的結果。從這個角度看，二者具有親緣性，源流之間存在相似、相通乃至相同也是再自然不過的事了。

　　進而言之，康有為承認孔教與佛教、耶教是相通的，仁便是三教的交匯點或共同宗旨。在這個前提下，有一個問題應該引起重視，那就是：孔教與佛教、耶教從根本上說畢竟是三種不同的宗教。在他看來，無論是老子與佛教的相混還是墨子與耶穌的絕似都超過了兩人與孔子的親密性。在老、墨與佛、耶的相通乃至相同中，康有為進一步突出了老教、墨教與孔教的對立，這用他本人的話說便是「異教」。當然，康有為承認孔子、老子、墨子各自獨立創教，三人所創之教的宗旨各不相同。一言以蔽之，「儒教，孔子特立。傳道立教，皆謂之儒。老之教曰道，墨之教曰俠。」〔註58〕在這個前提下，康有為視界中的老、墨關係比孔、老關係或孔、墨關係更為親近。從這個意義上說，老子、墨子思想的上述區別也是相對的，無論是漢代的酷吏還是《淮南子》的兼採老、墨都證明了這一點。康有為反覆宣稱：

　　　淮南是老學，其攻儒亦採墨學為之。〔註59〕

　　　寧成（酷吏——引者注）亦申、韓後學，故其治近郅都。然觀
　　其本傳有云：致產數千金，為任俠。則寧成亦墨氏流派也。〔註60〕

　　總之，在康有為那裏，與老子、墨子的身份、地位驚人相似相映成趣的是兩人思想的差異：在屬於孔子後學時，「一曲之士」的地位使老子、墨子傳承了孔子大道的不同內容；在與孔教爭盛時，兩人的思想作為有悖孔子時中的具

〔註57〕《萬木草堂口說·諸子》，《康有為全集》（第二集）中國人民大學出版社 2007
　　　　年版，第 178 頁。
〔註58〕《康南海先生講學記·古今學術源流》，《康有為全集》（第二集）中國人民大
　　　　學出版社 2007 年版，第 108 頁。
〔註59〕《孔子改制考》卷十四，《康有為全集》（第三集）中國人民大學出版社 2007
　　　　年版，第 179 頁。
〔註60〕《孔子改制考》卷六，《康有為全集》（第三集）中國人民大學出版社 2007 年
　　　　版，第 77～78 頁。

體表現情形恰好相反；老子、墨子思想的差異在超越孔子標準的世界文化視野中更為淋漓盡致地呈現出來——老學與佛學相混，墨學與耶教絕似。

第三節　總體評價和地位

　　與孔子的關係注定了康有為對老子、墨子的評價，無論肯定兩人屬於孔子之學時的偏而不全還是獨立創教時的與孔子爭教都預示了康有為對兩人的否定評價。具體地說，老子、墨子思想的不同決定了康有為對兩人的否定評價針對不同的特定內容，具有不同的理論側重。

一、老子不仁，墨子甚仁

　　在為康有為作傳時，梁啟超將康有為的哲學稱為「博愛派哲學」，並且進行了如是介紹和評價：「先生（指康有為——引者注）之哲學，博愛派哲學也。先生之論理，以『仁』字為唯一之宗旨，以為世界之所以立，眾生之所以生，家國之所以存，禮義之所以起，無一不本於仁。苟無愛力，則乾坤應時而滅矣。……故懸仁以為鵠，以衡量天下之宗教、之倫理、之政治、之學術，乃至一人之言論行事，凡合於此者謂之善良，不合於此者謂之惡劣。以故三教可以合一，孔子也，佛也，耶穌也，其立教之條目不同，而其以仁為主則一也。以故當博愛，當平等，人類皆同胞，而一國更不必論，而所親更不必論。故先生之論政論學，皆發於不忍人之心。人人有不忍人之心，則其救國救天下也，欲已而不能自己。如左手有痛癢，右手從而煦之也；不然者，則麻木而已矣，不仁而已矣，其哲學之大本，蓋在於是。」〔註61〕根據這個介紹，康有為的哲學之所以被稱為「博愛派哲學」，是因為康有為十分推崇仁——不僅將仁奉為世界萬物的本原，而且宣稱仁是孔教與佛教、耶教的交匯點。這就是說，「博愛派哲學」與仁學派是一個意思，表明仁對於康有為的哲學至關重要。在極力推崇仁的前提下，康有為將老子歸為不仁派，將墨子歸為仁學派。這意味著康有為認定老子、墨子的立教宗旨截然相反。

　　首先，康有為將仁說成是孔教的核心和立教的宗旨，每次講孔子之仁時總是拿老子當作反面教材和批判的靶子。

　　這種做法甚至成了康有為的一種習慣，幾乎無一例外。下僅舉其一斑：

〔註61〕《南海康先生傳》，《梁啟超全集》（第一冊）北京出版社 1999 年版，第 488 頁。

　　孔子之教，其宗旨在仁，故《論語》有「依於仁」一條。《呂氏春秋》言孔子貴仁。自老子始倡不仁之學，故其《道德經》中，天地不仁，以萬物為芻狗。聖人不仁，以萬姓為芻狗。其教旨與孔子大相反。故向來中國教旨只仁與不仁而已。孔教尚仁，故貴德賤刑。老子主不仁，故後學申、韓之徒貴刑賤德。……為老子之學者全是能忍，能忍便是不仁。孔子謂仁為天心從春生起，老子言天地不仁從冬殺起，生殺亦天地自然之理。西人考之，一百分中，生人直九十四分，死人直六分，生人遠多於殺人，孔教則勝於老子矣。〔註62〕

　　諸教皆有立教之根本。老子本以天地為不仁，以萬物為芻狗，此老子立教之本。故列、楊傳清虛之學，則專以自私。申、韓傳刑名之學，則專以殘賊。其根本然也。孔子本天，以天為仁人，受命於天，取仁於天。凡天施、天時、天數、天道、天志，皆歸之於天。故《尸子》謂：孔子貴仁。孔子立教宗旨在此。〔註63〕

　　凡聖人立教必有根本，老子以天地為不仁，孔子以天地為仁，此宗旨之異處。取仁於天，而仁此為道本。故《孟子》曰：道二，仁與不仁而已矣。凡百條理從此出矣。仁莫先父子，故謂堯、舜之道，孝悌而已。是以制三年喪而作《孝經》，仁莫大於愛民，所謂「孝子不匱，永錫爾類」。是以制井田而作《春秋》，《中庸》所謂「經天下之大經」，（鄭注《春秋》也。）「立天下之大本」也。（鄭注《孝經》也。）至山川、草木、昆蟲、鳥獸莫不一統。太平之世，大小、遠近若一。大同之治，不獨親其親，子其子，老有所終，壯有所用，鰥寡孤獨廢疾者有養，則仁參天矣。後世不通孔子大道之原，自隘其道，自私為我，已遁為老學，而尚託於孔子之道，誣孔子哉！〔註64〕

在這裡，康有為從不同角度反覆闡明了三個問題：第一，諸教皆有立教之本，孔子與老子的立教之本是截然對立的：如果說孔子以仁為立教宗旨的話，那麼，老子的立教宗旨則是不仁。第二，立教之本的對立導致了孔教與老教的

〔註62〕《南海師承記・講仁字》，《康有為全集》（第二集）中國人民大學出版社2007年版，第227～228頁。
〔註63〕《春秋董氏學》卷六，《康有為全集》（第二集）中國人民大學出版社2007年版，第375頁。
〔註64〕《春秋董氏學》卷六，《康有為全集》（第二集）中國人民大學出版社2007年版，第389頁。

對立，最終演繹出各自不同的思想內容：如果說孔教由貴仁衍生出孝悌、井田等德治路線和民主思想的話，那麼，老教的不仁便是能忍，由此推演出貴刑賤德、自私殘暴。在康有為看來，孔學與老學的不同宗旨在兩人的後學中進一步凸顯出來。作為老子後學的申不害、韓非等人的殘暴淋漓盡致地展示了老子之教的不仁本質。按照康有為的說法，申不害、韓非是老子後學，專傳老子的不仁思想。康有為斷言：「《老子》『天地不仁』四句，開申、韓一派。」〔註65〕鑒於申不害、韓非思想的極端不仁，康有為極力排斥之。第三，孔子之教與老子之教的上述對立表明，「孔教則勝於老子」。關於這一點，康有為的證據頗多。例如，他聲稱：「其與儒教異處，在仁與暴，私與公。儒教最仁，老教最暴。故儒教專言德，老教專言力。儒教最公，老教最私。儒教專言民，老教專言國。言力言國，故重刑法，而戰國之禍烈矣。清虛一派，盛行於晉，流於六朝，清談黃老，高說元妙。刻薄一派，即刑也，流毒至今日，重君權、薄民命，以法繩人，故泰西言中國最殘暴。」〔註66〕在這個前提下可以想像，康有為是極端鄙視老子的。在他的眼中，老學的特點是暴力而非仁德，自私而非為公。對此，康有為不止一次地斷言：

> 老子之學徒為我。〔註67〕

> 老子之教為我。〔註68〕

與此同時，康有為認為，老學重刑法，故而殘暴和刻薄，而這一切都源於立教宗旨的不仁。正因為如此，他指出：「老子言失道而后德，失德而後仁，失仁而後義，此說最謬。」〔註69〕在此基礎上，康有為抨擊老教的不仁、能忍、不誠、貴刑賤德等刑罰權術危害天下，以至於得出了「老子最壞中國，以愚民為主」〔註70〕的結論。

〔註65〕《萬木草堂口說·諸子》，《康有為全集》（第二集）中國人民大學出版社 2007 年版，第 176 頁。

〔註66〕《康南海先生講學記·古今學術源流》，《康有為全集》（第二集）中國人民大學出版社 2007 年版，第 108 頁。

〔註67〕《南海師承記·講孟荀列傳》，《康有為全集》（第二集）中國人民大學出版社 2007 年版，第 228 頁。

〔註68〕《康南海先生講學記·古今學術源流》，《康有為全集》（第二集）中國人民大學出版社 2007 年版，第 105 頁。

〔註69〕《萬木草堂口說·諸子》，《康有為全集》（第二集）中國人民大學出版社 2007 年版，第 177 頁。

〔註70〕《萬木草堂講義·七月初三夜講源流》，《康有為全集》（第二集）中國人民大學出版社 2007 年版，第 283 頁。

其次，康有為肯定墨子甚仁，指出墨子在以仁為立教宗旨上與孔子別無二致，屬於仁學派即博愛派。

在康有為看來，墨子的兼愛與孔子之仁接近，在立教宗旨上，孔教、墨教並行不悖。正是在這個意義上，康有為一而再、再而三地說道：

墨子甚仁。〔註71〕

不能以兼愛攻墨子，以無父攻墨子則可。〔註72〕

《莊子》之論墨子甚麼，觀《天下篇》，可知其短處不在兼愛也。

〔註73〕

依據康有為的分析，墨子的思想——特別是兼愛屬於仁，他也基本上贊同墨子的這一主張。不可迴避的是，墨子所講的兼愛與孔子所講的仁畢竟是有區別的。康有為對二者區別對待，在推崇孔子之仁的同時將批判的矛頭指向墨子的兼愛。康有為揭露說，墨子講仁時主張兼愛而非差等，這使墨子所講的仁與佛教之仁的眾生平等相去無幾。儘管如此，墨子的甚仁與佛教的眾生平等一樣被康有為歸在了仁學的範圍內，屬於「博愛派哲學」是可以肯定的；在這一點上，墨子與老子的不仁是截然相反的。

總之，老子、墨子思想的差異決定了康有為對兩人的不同認定和評價：老子屬於不仁派，墨子則屬於仁學派即博愛派。在這個維度上，對於老子與墨子，康有為的結論是：「老學之教為我，墨子稍勝於老。」〔註74〕康有為一直認定老子為我，是有忍而非不忍，故而有悖於仁；與老子的立教宗旨有別，墨子之兼愛屬仁，儘管講仁時不講禮，尚同而不尚別，不可與孔子之仁相提並論，尚可歸為仁之列，故而與不仁的老子之教相比「稍勝」。康有為的下面這段話直觀地反映了老學、墨學與儒學以及與仁學派的不同關係：「儒與楊、墨，其道為三，而老氏為我，儒、墨救世，則雖三而實為二焉。故在戰國，儒、墨最盛，而老氏遜之，以其俱救世也。至於漢初，老氏最盛，儒學駸駸其

〔註71〕《萬木草堂講義・七月初三夜講源流》，《康有為全集》（第二集）中國人民大學出版社 2007 年版，第 283 頁。

〔註72〕《萬木草堂講義・七月初三夜講源流》，《康有為全集》（第二集）中國人民大學出版社 2007 年版，第 283 頁。

〔註73〕《萬木草堂口說・諸子》，《康有為全集》（第二集）中國人民大學出版社 2007 年版，第 180 頁。

〔註74〕《萬木草堂口說・學術源流》，《康有為全集》（第二集）中國人民大學出版社 2007 年版，第 135 頁。

間，而墨亡矣。蓋救世之道同，而儒順墨逆，故墨歸於儒，老氏與儒相反，故後世反有存也。」〔註75〕

二、老子壞人心術，墨子最苦人道

康有為既推崇仁，又推崇樂。這除了因為他認為樂是仁的具體表現之外，尚有兩個重要原因：第一，《樂》是孔子的六藝之一，孔子的思想以求樂為宗旨。第二，追求快樂是人與生俱來的本能，滿足人求樂的欲望是仁的具體表現。對此，康有為反覆指出：

> 孔子禮樂並制，而歸本於樂。蓋人道以樂為主，無論如何立法，皆歸於使人樂而已。故小康之制尚禮，大同之世尚樂，令普天下人人皆敦和無怨，合愛尚同，百物皆化，《禮運》以為大道之行也。〔註76〕

> 顏子之貧如此，而樂道自娛，不以簞空為憂而改其樂。蓋神明別有所悅，故體魂不足為累，境遇不能相牽，無入而不自得也。佛氏所謂地獄、天宮皆成佛土，其類此乎？故孔子再歎美之。周子令人尋孔、顏樂處。蓋天人既通，別有建德之國，神明超勝，往來無礙，既不知富之可欣，亦不知貧之可憂，偶遊人境，固不足為累也。〔註77〕

基於這種理解，康有為將樂視為人生的價值目標和行為追求，大聲疾呼「求樂免苦」。在此基礎上，他將「求樂免苦」奉為判斷善惡的標準，肯定善惡是由苦樂決定的，天理為人而設，使人快樂的就是善，就是仁，也就是天理。有鑑於此，梁啟超將康有為的哲學說成是「主樂派哲學」。對於康有為的「主樂派哲學」，梁啟超介紹說：「先生之哲學，主樂派哲學也。凡仁必相愛，相愛必使人人得其所欲，而去其所惡。人之所欲者何？曰樂是也。先生以為快樂者眾生究竟之目的，凡為樂者固以求樂，凡為苦者亦以為求樂也。耶教之殺身流血，可為極苦，然其目的在天國之樂也。佛教之苦行絕俗，可謂極苦，然其目的在涅槃之樂也。即不歆天國，不愛涅槃，而亦必其以不歆不愛為樂也。是固樂也，若夫孔教之言大同，言太平，為人間世有形之樂，又不待

〔註75〕《孔子改制考》卷十七，《康有為全集》（第三集）中國人民大學出版社 2007 年版，第 206 頁。

〔註76〕《論語注》，《康有為全集》（第六集）中國人民大學出版社 2007 年版，第 517 頁。

〔註77〕《論語注》，《康有為全集》（第六集）中國人民大學出版社 2007 年版，第 419 頁。

言矣。是故使其魂樂者，良宗教、良學問也；反是則其不良者也。使全國人民皆樂者，良政治也；反是則其不良者也。而其人民得樂之數之多寡，及其樂之大小，則為良否之差率。故各國政體之等級，千差萬別，而其最良之鵠，可得而懸指也。墨子之非樂，此墨子所以不成為教主也。若非使人去苦而得樂，則宗教可無設也。」〔註78〕

值得注意的是，梁啟超認定墨子與康有為的「主樂派哲學」背道而馳，因而在介紹康有為的「主樂派哲學」時特意講到了與墨子的對立。梁啟超的這個評價是客觀的，證明了康有為在求樂問題上對墨子的否定態度。與此同時應該看到，梁啟超的這個介紹是不全面的，忽視了老子與康有為的「主樂派哲學」的對立。事實上，康有為肯定求樂是人的本性，人所求之樂包括飲食、宮室等方面的物質享樂，也包括名譽、地位、求知以及關心國家大事等等精神、政治方面的享樂。在這個前提下，他指責老子、墨子都背離人與生俱來的求樂欲望，因而違背人的本性和本能。在違背人「求樂免苦」的本性即有悖人道上，兩人是一致的。這用康有為本人的話說便是：「老氏以無為為宗旨，墨子以尚儉為宗旨，故買名譽、飾禮貌者，二氏皆攻之也。」〔註79〕按照他的說法，在有悖人道方面，老子、墨子的具體情況和表現各不相同：老子不為名利，壞人心術；墨子非樂、尚儉，最苦人道。

首先，康有為指出，老子不為名利，不僅與孔子的尚名大義截然相反，而且有悖人「求樂免苦」的本性。

按照康有為的說法，孔子尚名、主樂，這一切都秉持貴仁的宗旨；與不仁、能忍一脈相承，老子排斥名利，有悖人道。在康有為對老子的攻擊中，排斥名是主要原因之一。對此，康有為不止一次地說道：

名字孔子特立，朱子攻名，雜採老、莊之說，謬矣。〔註80〕

名為孔子大義，所以屬行恥而光聲譽，致人道於高尚，而補刑賞所未及者也。故《孝經》曰：立身行道，揚名於後世，以為孝之終。《中庸》言舜，則曰：必得其名；言武王則曰：不失顯名。《穀梁》

〔註78〕《南海康先生傳》，《梁啟超全集》（第一冊）北京出版社 1999 年版，第 488～489 頁。

〔註79〕《孔子改制考》卷十四，《康有為全集》（第三集）中國人民大學出版社 2007 年版，第 178 頁。

〔註80〕《萬木草堂口說·中庸》，《康有為全集》（第二集）中國人民大學出版社 2007 年版，第 167 頁。

曰：學成矣，而名譽不彰，友朋之過。《孟子》曰：令聞廣譽施於身，
不願人之文繡。故教曰名教，理曰名理，義曰名義，言曰名言，德曰
名德，儒曰名儒，士曰名士，無在而不言名。惟老莊乃戒名，曰：為
善無近名，為惡無近刑。蓋無出而陽柴立中央之巧也。〔註81〕

循著康有為的邏輯，名是孔子思想的大義，孔子以及孔子後學都是崇尚名
的。與此相反，老子及其後學──如莊子、楊朱等人都排斥名，這暴露出老子
之教不仁、能忍的宗旨。在此基礎上，康有為進而指出，名利相連，老子不尚
名且貶損利，使其思想離樂越來越遠。正是在這個意義上，康有為說道：「孔
子之學無欲速，無見小利，不尚詐謀，老子則大相反。聖人貴讓賤利，防人世
之爭原也。然飲食、宮室、衣服之用，人誰可廢？故又曰：利者，義之和也。」
〔註82〕這就是說，利是人生存的保障，人生便不能無利；如果無利，人生便沒
有了樂。從這個意義上說，老子賤利，有悖人道。更有甚者，老子和楊朱等人
之所以不為名是為了明哲保身，這一點成為毒害天下的罪魁禍首。對此，康有
為揭露說：「吾嘗謂，老、楊之學為中國之大禍，雖有碩學高行之人，但為謹
默之行，保身之謀。坐視君父之難而不顧，坐視宗親師友之難而不恤，坐視國
亡種滅而從容，自圖富貴，偷生畏死，蕩絕廉恥，有所少損，皆不敢近，此其
為楊朱之貽毒，未有若是之甚矣。」〔註83〕由此可見，名利與榮辱休戚相關，
老子為了保全性命而不近名利是寡廉鮮恥、沒有道德感和廉恥心的表現，這種
心態在社會上的流行成為道德墮落的原因。循著這個思路，康有為指責老子之
學敗壞了中國人的心術。由此，他一再強調：

學術與心術相關者，老子之學最壞。〔註84〕

今人心之壞，全是老學。〔註85〕

其次，康有為指出，墨子雖然甚仁，但是，墨子極力非樂，因而最苦人道。

〔註81〕《論語注》，《康有為全集》（第六集）中國人民大學出版社2007年版，第403
　　　　頁。
〔註82〕《南海師承記·講孟荀列傳》，《康有為全集》（第二集）中國人民大學出版社
　　　　2007年版，第228頁。
〔註83〕《孟子微》，《康有為全集》（第五集）中國人民大學出版社2007年版，第497
　　　　～498頁。
〔註84〕《南海師承記·講辨惑》，《康有為全集》（第二集）中國人民大學出版社2007
　　　　年版，第247頁。
〔註85〕《萬木草堂口說·諸子》，《康有為全集》（第二集）中國人民大學出版社2007
　　　　年版，第178頁。

不僅如此，樂與非樂是孔子與墨子的根本分歧，即「孔子極講樂。墨子不講樂。」
〔註86〕其實，反對墨子的非樂思想是康有為的一貫主張，也是他批評墨子的根
本原因之一。

　　早在康有為指責墨子是孔子的死對頭、處處與孔子作對之時，非樂就是證
據之一。沿著這個思路，鑒於墨子的非樂原則與自己主張的「求樂免苦」南轅
北轍，康有為斥之為違背人情、有悖人道，連篇累牘地從不同角度揭露非樂的
錯誤及其造成的危害。下僅舉其一斑：

　　　　孔子最講樂學，故墨子特非之。〔註87〕

　　　　墨子難行，由於非樂。〔註88〕

　　　　墨子其生也勤，其死也儉，最苦人道。〔註89〕

　　　　孔子尚中，而墨子太儉。天下惟中可以立教，偏則不可與治天
　　下。墨子尚儉，其道太苦，其行難為，雖有兼愛之長，究不可以治
　　萬世。墨子休矣！〔註90〕

　　　　若尚儉，則財泉滯而不流，器用窳而不精，智慧窒而不開，人
　　生苦而不樂，官府壞而不飾，民氣偷而不振，國家瘵而不強。孔子
　　尚文，非尚儉也；尚儉，則為墨學矣。後儒不善讀此章（指《論語·
　　述而》篇子曰：「奢則不孫，儉則固。與其不孫也，寧固。」——引
　　者注），誤以孔子惡奢為惡文，於是文美之物皆惡之。歷史所美，皆
　　貴儉德，中國文物遂等野蠻，則誤解經義之禍也。且聖人之言，為
　　救世之藥，參朮之與大黃，相反而各適所用。〔註91〕

　　依據康有為的分析，墨子的非樂與尚儉密不可分，是苦人道的。在現實生

〔註86〕　《萬木草堂講義·中庸》，《康有為全集》（第二集）中國人民大學出版社 2007
　　　　年版，第 294 頁。
〔註87〕　《萬木草堂口說·孔子改制》，《康有為全集》（第二集）中國人民大學出版社
　　　　2007 年版，第 151 頁。
〔註88〕　《萬木草堂口說·孔子改制》，《康有為全集》（第二集）中國人民大學出版社
　　　　2007 年版，第 152 頁。
〔註89〕　《萬木草堂口說·諸子（三）》，《康有為學術文化隨筆》中國青年出版社 1999
　　　　年版，第 29 頁。
〔註90〕　《康南海先生講學記·通三統例》，《康有為全集》（第二集）中國人民大學出
　　　　版社 2007 年版，第 124 頁。
〔註91〕　《論語注》，《康有為全集》（第六集）中國人民大學出版社 2007 年版，第 434
　　　　頁。

活中難以推行，實行起來更會給社會、國家和人民生活造成巨大危害——不僅妨礙國家的經濟生產、禁錮民智，而且導致人生苦不堪言，民氣、國氣萎靡不振。更有甚者，非樂、尚儉而苦人道最終導致墨子之仁與孔子之仁相去甚遠，其根本分歧則是孔子尚禮而別，墨子尚儉而同。

至此可見，康有為對墨子「甚仁」的揭示從兩個截然不同的方向展開：一方面，康有為宣稱，孔子貴仁，墨子也不例外。另一方面，康有為強調，墨子在講仁時不講禮，這使墨子之仁由於無文與孔子大不相同。在康有為看來，孔子之仁與文、禮密不可分，尚禮是孔子的宗旨，孔子制禮就是為了因人情而治。這表明，禮是孔教的核心，是用來養人致和的。墨子非禮、非樂，由於喪文、極苦而使天下不和。一言以蔽之，孔子尚別，別所以上下協調；墨子尚同，致使天下痛苦不堪——在這方面，墨子的薄葬主張即是一例。正是在這個意義上，康有為反覆強調：

> 孔子制禮，以人治人，人情為田，所謂和也。若墨氏其生勤，其死也薄。反天下之心，天下不堪，則不和也。〔註92〕

> 《禮論》「別」字亦孔子一大義，墨子尚同，孔子尚別。尚別，白也。尚同，黑也。尚別，畫也。尚同，夜也。條理極多。擅作典制，指墨子也。〔註93〕

康有為的議論一再表明，墨子排斥禮樂，有悖人情，其集中表現是非樂。更有甚者，康有為認定，所有宗教都以求樂為鵠的，墨子非樂有悖宗教求樂的宗旨，故而宣布墨子不得為教主。

康有為是中國近代少有的崇尚禮的啟蒙思想家。禮有等貴賤、別親疏之特點和功能，盡顯宗法等級，故而被近現代哲學家所深惡痛絕。譚嗣同等人對禮的抨擊令人注目，新文化運動時期甚至出現了專門針對禮的禮教革命。康有為所推崇的禮是孔子時中的表現，與仁、文和樂息息相關，也是出於養人和求樂的需要。這使禮成為康有為「主樂派哲學」的一部分，並且與「博愛派哲學」一脈相承。如果說對於「博愛派哲學」，老子與墨子的情形相反——一為派外、一為派內的話，那麼，兩人對於「主樂派哲學」的處境則是一致的

〔註92〕《萬木草堂口說·孔子改制》，《康有為全集》（第二集）中國人民大學出版社2007年版，第150頁。

〔註93〕《萬木草堂口說·荀子》，《康有為全集》（第二集）中國人民大學出版社2007年版，第185頁。

——都屬於派外。當然，作為「主樂派哲學」的對手，老子、墨子的具體情況不可同日而語——老子壞心術，墨子苦人生。儘管如此，兩人都違背孔子之禮，進而導致苦人生是一樣的。對此，康有為解釋說：「《論語》：有子曰：禮之用，和為貴。先王之道，斯為美。《莊子》謂：墨子不與先王同，毀古之禮樂。先王即孔子，託以制禮者也。墨子以繩墨自矯，以自苦為極，無以養人之欲，無以給人之求。乖戾不和，使人憂悲，故其道大觳，其行難為，不可以為聖王之道也。老子謂：五色令人目盲；五音令人耳聾；五味令人口爽；馳騁畋獵，令人心發狂；難得之貨，令人行妨。塞人之情，蔽人之欲，是亂天下也。又曰：禮者，忠信之薄，而亂之首。開魏、晉清談放誕之風，乘謬尤甚。老、墨皆攻孔子之禮制者也。」〔註94〕

三、「老學之爭儒隱而久，……墨教之爭儒顯而大」

　　對於康有為來說，老子與墨子思想的仁與不仁、壞人心與苦人生的不同宗教和後果說明了兩人的思想具有一定的差異，不可相互混淆。這些差異決定了老子與墨子思想的傳承和命運。對此，康有為的概括是：「墨子當時與孔子爭教兼行，號稱儒、墨。而儒學一統之後，爝火不然。蓋老學尚陰，清靜自私，有合乎人之性者，且自然易行。墨學太苦，莊生所謂『天下不堪，其去王遠，人所難從。』故一微即滅也。」〔註95〕無論是老子與墨子思想的差異還是盛衰命運的懸殊都證明了二者對於孔教的威脅大不相同。對此，康有為比較、分析說：

　　　　墨翟，則《淮南子》以為孔子後學而變教自立者。墨子為三月之喪，親戚皆同，故孟子以為無父，又謂兼愛無差等。蓋父子與諸親及路人，自有厚薄，乃天理之自然，非人為也。故孔子等五服之次，立親親仁民愛物之等，此因天序順人情，亦非強為者也。楊朱之學只有《列子》略存之，然推老學可得其概。老子謂：天地不仁，以萬物為芻狗。聖人不仁，以百姓為芻狗。於人不仁，故只為我而已，縱慾而已。苟可以為我縱慾，則一切不顧，無人亦無國，故孟子以為無君。當春秋、戰國時，諸子並出，各自改制立法。如辣子

〔註94〕《孔子改制考》卷九，《康有為全集》（第三集）中國人民大學出版社 2007 年版，第 117 頁。

〔註95〕《孔子改制考》卷六，《康有為全集》（第三集）中國人民大學出版社 2007 年版，第 79 頁。

成之尚質，原壤之曠生死、母死而歌，子桑伯子之任天、不衣冠而處，直躬之證父攘羊，丈人、接輿、沮溺、微生畝之石隱，關尹、田駢、慎到、環淵、彭成、列禦寇之清虛，李克、商君、韓非、申不害、尸佼之治術刑法，子華、詹何之道術，騶衍、騶忌、騶奭之談天、炙轂、雕龍，宋牼之寡欲為人，子莫之執中，陳仲子、許行之苦行平等。若《荀子・非十二子篇》、《莊子・天下篇》所稱，皆諸子之創教有成者也。而諸子之中與儒抗者，惟老、墨之最大。老學之爭儒隱而久，故韓非《解老》、《釋老》以督責名術治天下，人主受之，以鉗制臣民，而自私其天下。其道蓋自漢至於今，為中國大毒，皆為我之私中之。……墨教之爭儒顯而大，《韓非子・顯學篇》：天下之顯學，孔、墨也。而儒分為八，墨分為三。《呂氏春秋》曰：孔、墨之弟子徒屬彌滿天下，充塞天下，皆以其道易於天下。其他書以孔墨、儒墨並稱者，不可更僕數，此戰國時傳教爭教之實事。〔註96〕

由上可見，康有為對老子、墨子思想的比較始終以與孔子思想的關係為座標。無論兩人的思想如何差異，在與孔子思想相背這個根本問題上是一致的。這道出了康有為對老子與墨子思想反覆予以比較的秘密，因為無論老子還是墨子與其他人一樣都是孔子或孔教的一個注腳而已。對於這個問題，康有為的下面這段話道破了天機，說得再明白不過了：「周、秦諸子宜讀。各子書，雖《老子》、《管子》亦皆戰國書，在孔子後，皆孔子後學。說雖相反，然以反比例明正比例，因四方而更可得中心。諸子皆改制，正可明孔子之改制也。」〔註97〕

第四節　康有為視域中的老、墨關係與孔教觀

上述內容顯示，康有為對老子與墨子的比較是多角度的，內容涉及到方方面面。對此，人們不禁要問：康有為為什麼熱衷於老子與墨子比較？通過比較，康有為得出了什麼結論？他的比較意義何在？

首先，在對先秦七子的審視中，康有為對老子的歸屬和定位與對墨子的評

〔註96〕《孟子微》，《康有為全集》（第五集）中國人民大學出版社 2007 年版，第 493 頁。

〔註97〕《桂學答問》，《康有為全集》（第二集）中國人民大學出版社 2007 年版，第 21 頁。

價最為相似。不過，由於康有為對老子、墨子的比較涉及的方面較多，加大了綜合的難度，得出的結論難免相互矛盾。

以老子、墨子的優劣為例，一方面，康有為借莊子之口列老子為三等、墨子為四等，而將老子置於墨子之上。這用康有為本人的話說便是：「通部《莊子》皆寓言，獨《天下篇》乃莊語也。讀之可考周秦諸子學案，直過於《荀子·非十二子篇》。其中以孔子為宗旨，故列孔子為第一等，稱聖王。其餘列自己為二等，稱天人。列老子為三等，稱神人、至人。列墨子為四等，稱聖人。」〔註98〕從這個意義上說，老學優於墨學。另一方面，康有為明言墨學比老學優長，除了前面提到的老子之教為我，墨子之教兼愛而稍勝之，康有為在《孟子微》中繼續對老子與墨子進行比較，在具體分析兩人思想與孔子思想異同的基礎上，得出了「就老、墨二教比」，墨子「勝於老、楊遠矣」的結論。於是，他寫道：

> 但孔子之道大而得時，《莊子》所謂：古之人其備乎？配天地，本神明，育萬物，本末精粗，四通六辟，其運無乎不在。後學宗之，遂成大教。然在孟子之時，老、墨言盈天下，則其昌大之速至矣。韓昌黎疑孟子之距楊、墨，以為非二師之道本，然未考創教之由也。觀《墨子·非儒篇》之攻孔子，詬詈無所不至，則孟子之距之，豈為過哉？就老、墨二教比，墨子「非攻」、「尚同」，實有大同大平之義，與孔子同，勝於老、楊遠矣。但倡此說於據亂世，教化未至，人道未立之時，未免太速。猶佛氏倡眾生平等，不殺不淫之理於上古，亦不能行也。蓋夏裘冬葛，既易其時以致病，其害政一也。凡「非攻」、「尚同」、「兼愛」之義，眾生平等戒殺之心，固孔子之所有，但孔子無所不有，發現因時耳。〔註99〕

除此之外，康有為指出，墨子的自然科學特長遠非老子所及。於是，康有為說道：「墨子之學勝於老子，西法之立影、倒影，元朝始考出，墨子已先言之。」〔註100〕在這個前提下，康有為注重墨子與西方思想——從宗教（基督

〔註98〕　《南海師承記·讀莊子天下篇》，《康有為全集》（第二集）中國人民大學出版社 2007 年版，第 234 頁。

〔註99〕　《孟子微》，《康有為全集》（第五集）中國人民大學出版社 2007 年版，第 493 頁。

〔註100〕　《萬木草堂口說·諸子》，《康有為全集》（第二集）中國人民大學出版社 2007 年版，第 180 頁。

教，康有為稱之為耶教）到自然科學的相通性，並且明言墨學早於西學，甚至西學源於墨學。很明顯，墨學這方面的內容和特長是老學不能企及的。再從「博愛派哲學」和「求樂派哲學」的角度看，康有為對老子的評價是最低的，既與「博愛派哲學」針鋒相對，又有悖於「求樂派哲學」。換言之，如果說康有為對墨子亦褒（以兼愛為核心）亦貶（以非樂、尚儉為代表）的話，那麼，他對老子則貶過於褒——儘管康有為對老子的養生之學心懷好感，然而，他對老子以不仁為立教宗旨的抨擊則是原則性的。這一切都使康有為對老子、墨子的褒貶評價成為一個未解之謎。

進而言之，正如康有為對墨子的褒獎兼愛與貶斥非樂是以孔子為標準展開的一樣，他對老子的態度同樣受制於對老子思想與孔子的異同認定。在這個前提下，儘管老子與墨子的優劣撲朔迷離，可以肯定的是，康有為對墨子的攻擊最多：第一，他指出，從歷史上看，孟子、荀子和司馬遷都以攻擊墨子為己任，因為墨子之教在這些人生活的時代對孔教的危害最大。這也印證了康有為的那句話：「墨教之爭儒顯而大」。第二，與此相聯繫，康有為對墨子叛孔子之道的論證最多，多次指出墨子先學於孔子而後叛孔子之道，這使墨子的思想更具有迷惑性，也成為康有為對墨子耿耿於懷的原因。這一點在康有為對老子、墨子的身份歸屬上即已出端倪——除了同歸為孔子之學，皆為「一曲之士」和獨立創教與孔教爭盛的相同經歷之外，墨子比老子多了一個叛孔子之道的環節。對此，康有為指出：「《淮南子》言：墨子學孔子之道，是墨子後來叛道而自為教主也。」〔註101〕這一點決定了康有為對墨子攻擊最甚。

其次，為什麼在康有為那裏老子、墨子之間具有如此多的可比性，以至於兩人的關係成為焦點話題？為什麼康有為同時代的思想家卻很少涉及這一問題？

康有為對老子、墨子關係的熱衷與對孔教的推崇密切相關，一個簡單的事實是：老子與孔子一樣是春秋時期的思想家，墨子生活在春秋戰國之際。兩人與孔子大致同時，考辨中國本土文化源流時是不可逾越的。換言之，孔子與老子、墨子的關係是康有為推崇孔子，斷言「百家皆孔子之學」時無法迴避的。老子、墨子與孔子的關係成為康有為面對的棘手的問題：一方面，為了推崇孔子，與「百家皆孔子之學」相對應，老子和墨子一起被歸入孔子之學。為此，

〔註101〕《萬木草堂口說・諸子》，《康有為全集》（第二集）中國人民大學出版社 2007年版，第 177 頁。

康有為煞費苦心地強調歷史上的老子有三位，只有戰國時著《道德經》的老子才是「真正的老子」。於是，便有了孔子在時間上早於老子的必然結論：

老子在孔子以後。〔註102〕

老子之弟子楊朱，生當孟子時，可知孔子在老子之先。〔註103〕

與此同時，康有為如法炮製，像對待老子一樣將墨子的生存時間後移，說成是戰國時代的人。康有為指出，墨子與孟子、楊朱等人是一輩，即「墨子為子夏后輩，楊、墨、老，孟子一輩。」〔註104〕另一方面，老子、墨子與孔子的思想具有不容忽視的差異性，為了確保孔教的儒家學統，康有為將兩人逐出門外。不僅如此，為了映襯孔子之道的博大精深，作為孔子的後學，老子、墨子成為「一曲之士」；作為與孔子爭教者，兩人一個過，一個不及，分別代表了與孔子時中對立的兩個極端。這一切都表明，康有為將老子、墨子歸入孔學與逐出孔門都與對孔子的推崇一脈相承，歸根結底受制於他本人的孔教觀。可以看到，在康有為那裏，與孔子的關係使老子、墨子的命運極其相似，先是被歸入孔子之學，後是被逐出孔門；在屬於孔子之學時的情形和地位驚人相似——都得孔子大道於萬一，皆為「一曲之士」。在獨立創教時，老子、墨子與孔子爭教最甚。總之，正如將兩人歸為孔子之學是為了證明孔教無所不包，孔子是中國本土文化的至尊源頭一樣，老子、墨子思想的異同映襯了孔子思想的博大精深、無所不備。

在先秦諸子中，具有與老子、墨子類似經歷的還有莊子。所不同的是，康有為強調，莊子在屬於孔子後學時得孔子的「性與天道」之傳，屬於孔子嫡派，與孟子一起傳大同、平等學說——這一點足以讓老子與墨子相形見絀。在不屬於孔子後學時，莊子沒有像老子與墨子那樣直接與孔子為敵，不構成對孔教的威脅——這避免了孔教傳人的一再攻擊。有鑑於此，無論老子與莊子還是墨子與莊子都沒有太多的可比性。不僅如此，在相同的經歷、相似的地位使老子與墨子具有了諸多可比性的前提下，對孔子大道的不同側重和傳承則增加了兩人思想的可比性。康有為的比較顯示，老子與墨子的思想既有與孔子相悖的相

〔註102〕《萬木草堂講義‧七月初三夜講源流》，《康有為全集》（第二集）中國人民大學出版社2007年版，第283頁。

〔註103〕《萬木草堂口說‧學術源流》，《康有為全集》（第二集）中國人民大學出版社2007年版，第142頁。

〔註104〕《萬木草堂口說‧諸子》，《康有為全集》（第二集）中國人民大學出版社2007年版，第178頁。

同本質，又有特殊的具體內容，故而同異互見。這些在加大老子與墨子的比較範圍的同時，也使比較的結論更為豐富、多樣。這些情況都預示了老子與墨子之間的可比性是其他諸子無法比擬的。如此一來，便不難理解康有為為什麼不厭其煩地對兩人反覆加以比較了。這與其說是康有為對老子、墨子的格外關注，不如說是為孔教辯護。從這個意義上說，康有為思想中的老、墨關係可以視為他的孔教觀的一部分。

再次，如果超越康有為的孔教格局，孔子與老子、墨子之間的從屬關係立刻消解，老子和墨子之間的諸多可比性也就隨之消失了。這便是除了康有為之外其他近代哲學家很少對老子、墨子反覆予以比較的根本原因。

誠然，譚嗣同也將全部中國本土文化歸為孔子之學，並且稱為孔教，然而，老子與墨子關係卻沒有成為他的關注焦點。這除了譚嗣同將佛教置於孔教之上，對佛教的闡釋多於孔教之外，還因為他對老子與墨子採取了截然相反的態度，從根本上堵塞了兩人的可比性：一方面，譚嗣同對老子持完全否定態度，尤其抨擊老子的柔靜思想。於是，譚嗣同一再指出：

> 李耳之術之亂中國也，柔靜其易知矣。若夫力足以殺盡地球含生之類，脅天地鬼神以淪陷於不仁，而卒無一人能少知其非者，則曰「儉」。〔註105〕

> 天行健，自動也。天鼓萬物，鼓其動也。輔相裁成，奉天動也。君子之學，恒其動也。吉凶悔吝，貞夫動也。謂地不動，昧於曆算者也。《易》抑陰而扶陽，則柔靜之與剛動異也。夫善治天下者，亦豈不由斯道矣！夫鼎之革之，先之勞之，作之興之，廢者舉之，敝者易之，飽食煖衣而逸居，則懼其淪於禽獸；烏知乎有李耳者出，言靜而戒動，言柔而毀剛！〔註106〕

另一方面，譚嗣同對墨子倍加推崇，不論對墨子的「任俠」之仁還是「格致」之學都持肯定態度。這樣一來，老子與墨子在譚嗣同那裏各不相涉：一個被貶損，一個被推崇，彼此之間並不存在可以反覆比較的可比性，也就失去了比較的基礎。

如果說梁啟超還在老子、孔子和墨子的並提中將老子與墨子聯繫在一起的話，那麼，他對三人關係的認識卻發生了天翻地覆的變化。梁啟超認為，老

〔註105〕《仁學》，《譚嗣同全集》（增訂本）中華書局 1998 年版，第 321 頁。
〔註106〕《仁學》，《譚嗣同全集》（增訂本）中華書局 1998 年版，第 320 頁。

子、孔子和墨子是中國文化的「三聖」，並稱為「三位大聖」。沿著這個思路，梁啟超強調，中國文化都是從這三位聖人那裏衍生出來的，《老孔墨以後學派概觀》淋漓盡致地表達了這一思想。可以看到，無論是在專門研究三位大聖的專著如《孔子》《老子哲學》《子墨子學說》和《墨子學案》中還是對三位大聖衍生的學派的闡釋中，梁啟超既都肯定孔學、老學和墨學擁有各自的獨特內涵，又不否認其間的相通、相同之處，甚至指出春秋以後的學派都是儒、道、墨各家融合的產物。在這方面，法家便是極好的例子。儘管如此，梁啟超始終是以孔學、老學和墨學三家為主體闡釋中國本土文化的，在此過程中並沒有著力對老子與墨子予以比較。

在近代哲學家之中，弘揚國粹的章炳麟在整理國故時喜歡對先秦諸子予以比較。儘管如此，他先後列為比較對象的是孟子與荀子、老子與莊子等，卻始終不見老子與墨子的比較。這些都從一個側面證明了康有為的老子與墨子比較構成了中國近代文化史上的一道獨特風景，足以引起後人注視的目光。

總的說來，近代哲學家非常關注先秦諸子之間的關係，其中，成為焦點的是三種關係：第一，孔子、墨子與老子三位聖人之間的關係。康有為、譚嗣同基本上歸為一派，稱為孔子之學；梁啟超三者並舉，並稱為「三聖」或「三位大聖」；章炳麟雖然推崇老子、莊子，但是，他卻宣稱老子源於孔子。第二，孟子與荀子的關係。梁啟超甚至將關注兩人之間的關係作為劃分清代學術的標準。這個說法具有一定的合理性，因為康有為、梁啟超和章炳麟都將孟子與荀子的關係納入自己的研究視野，使之成為焦點問題。孟子和荀子的關係成為焦點問題在康有為等人那裏關涉到對孔學正統的理解，在章炳麟那裏又與人性善惡的解讀息息相關。第三，老子與莊子的關係。康有為將莊子歸為老子後學，同時又一會兒將之歸為孔子後學，一會兒宣稱莊子獨立一派，使莊子與老子的關係變得微妙而複雜。更有甚者，即使被歸為老子後學，由於老子學說的複雜多變，莊子或顯或卑的地位又增加了老子與莊子關係的複雜性。章炳麟出於對孔教的排斥和對康有為思想的反擊，將莊子歸為老子後學。由此，老子與莊子思想的異同性而非學術歸屬的糾葛成為章炳麟探討的中心問題。

稍加留意即可發現，康有為著力闡釋的關係除了孟子與荀子之外，就是老子與墨子。一方面，他多次將老子與墨子相提並論，歸為一個陣營，故而老子和墨子並提。另一方面，康有為反覆辨別老子與墨子思想的異同。這樣一來，康有為視界中的老子與墨子便呈現出微妙而複雜的關係，這種複雜的關係超

過了老子與莊子的關係：第一，老子和墨子的命運是最為相似的，包括莊子在內的其他人無法相比。第二，在康有為的視界中，老子與墨子比較涵蓋方方面面，不僅具有學術傳承和身份歸屬的意義，而且具有思想內涵和理論宗旨的意義。進而言之，康有為的這些看法歸根結底與他的孔教觀一脈相承，梁啟超、章炳麟推崇老子、墨子卻不再關注兩人之間的關係便證明了這一點。

第九章　康有為對孟子與荀子的比較

在先秦七子中，孟子與荀子的關係頗為微妙：一方面，兩人都是作為孔子後學出現的，這使兩人之間具有了其他人無可比擬的親緣性，故而司馬遷作《史記》時將二人合傳。另一方面，孟子、荀子的思想具有不同的內容和側重，尤其在對人性的看法上針鋒相對——「孟子道性善」，荀子主性惡。這使兩人的人性論產生了不同的社會影響，不僅導致了後人的不同評價，而且使兩人在孔門中的地位及學術命運呈現出不容忽視的差異。近代哲學家利用西方的學科分類方法重新審視中國本土文化，梳理百家之學及其傳承譜系，對孟、荀關係倍加關注，致使兩人的思想異同成為一個熱門話題，這一點在康有為那裏表現得尤為明顯和突出。這不僅因為他是最早對中國本土文化進行梳理的近代啟蒙思想家，而且因為其倍受爭議的孔教立場。

康有為的早期思想以考辨中國本土文化的「學術源流」為學術重心。作為孔教教主的他在對中國本土文化的發掘中側重儒家思想，孟子、荀子和董仲舒等人成為康有為國學人物研究的學術重鎮。康有為視界中的孟子與荀子的關係維度眾多，錯綜複雜，從經典文本、學術源流、傳承方式到思想內容一應俱全。不僅如此，康有為對孟子、荀子關係的審視具有不同以往的學術視角，出於前所未有的救亡圖存的理論初衷，秉持自家的孔教宗旨，展示了全新的文化心態和價值理念。

第一節　漸行漸遠的命運軌跡

因大聲疾呼立孔教為國教而著稱於世的康有為對孔子推崇備至，宣稱

「『六經』皆孔子作，百家皆孔子之學。」〔註1〕這使他把孔子的地位提升到了無以復加的地步，也注定了作為孔子後學的孟子、荀子在他那裏倍受關注。饒有趣味的是，康有為視界中的孟子與荀子具有不同的命運軌跡，兩人的命運之間呈現出此消彼長的對立態勢：在早年考辨「學術源流」、追溯孔學的傳承譜系時，康有為確認孟子、荀子為孔門「的派」，同時奉兩人為孔門「二伯」；伴隨著康有為思想的轉變，荀子的命運發生逆轉，與孟子之間漸行漸遠；在康有為中、後期的思想中，孟子的地位一如既往，荀子則成為被貶斥的對象。

一、「孟子、荀子為孔子二伯」

在對孔子後學以及孔學傳承譜系的追溯中，康有為不僅列舉了孔子的親授弟子，而且遴選了孔子的再傳弟子和三傳弟子。在認定孔門弟子三千，徒侶六萬的基礎上，康有為一再突出孟子和荀子的作用，將兩人一起奉為戰國時期孔門的兩大正宗傳人——也就是他所說的「二伯」。正是在這個意義上，康有為再三聲稱：

> 荀子，傳孔子禮學者也。可知戰國孟子、荀子為孔子二伯。〔註2〕

> 孟子、荀子是孔子的派。〔註3〕

> 孟、荀為孔子後學之最。〔註4〕

按照康有為的說法，孔子後學至戰國時分為兩大派，孟子與荀子分別代表其中的一派。這表明，孟子、荀子的學術源頭是一致的，兩人在孔學中的地位是相同的。

首先，康有為指出，孟子和荀子的思想均源於孔子，具有相同性。

正是在這個意義上，康有為連篇累牘地斷言：

> 董、荀、孟三子之言，皆孔子大義。〔註5〕

〔註1〕《萬木草堂口說・學術源流》，《康有為全集》（第二集）中國人民大學出版社2007年版，第145頁。

〔註2〕《康南海先生講學記・古今學術源流》，《康有為全集》（第二集）中國人民大學出版社2007年版，第112頁。

〔註3〕《康南海先生講學記・古今學術源流》，《康有為全集》（第二集）中國人民大學出版社2007年版，第112頁。

〔註4〕《萬木草堂口說・諸子》，《康有為全集》（第二集）中國人民大學出版社2007年版，第179頁。

〔註5〕《萬木草堂口說・孔子改制》，《康有為全集》（第二集）中國人民大學出版社2007年版，第151頁。

　　孟、荀言先生、後王，皆知孔子。〔註6〕

　　孟、荀言儒，莊、列言道。〔註7〕

　　孟子、荀子輩義理體。〔註8〕

　　曾子言：天無二日，民無二王，喪無二主。故孟子言定於一。

荀子亦發揮定於一。〔註9〕

　　更為重要的是，孟子、荀子都得孔子大義，可以作為孔門的標誌以與莊子、列子等人對舉，故而是孔門嫡系。對此，康有為強調，由於深得孔子之道的微言大義，孟子、荀子的思想甚至勝過了《論語》記載的孔子言論。這用他本人的話說便是：「孟、荀之微言最多，《論語》之微言尚少，蓋《論語》隨意記孔子之言，而孟、荀則有意明道也。」〔註10〕據此可見，孟子、荀子在孔教中的地位以及傳承孔子之道的貢獻在先秦諸子中是至上的，甚至連編纂《論語》的孔子親授弟子都無法與兩人相比。

　　其次，康有為對孟子、荀子一視同仁，認為兩人的地位和影響不分伯仲。

　　康有為對孟子、荀子一樣重視，對《孟子》《荀子》一視同仁，反對獨尊孟子而貶抑荀子的做法。於是，康有為不遺餘力地宣稱：

　　後人皆知孟子為孔子學，獨不知荀子為大儒，甚可慨也。〔註11〕

　　宋儒尊《大學》、《中庸》、《孟子》，而攻荀子，則大謬。〔註12〕

　　孔門後學有二大支：其一孟子也，人莫不讀《孟子》而不知為《公羊》正傳也；其一荀子也，《穀梁》太祖也。《孟子》之義無一不與《公羊》合。《穀梁》則申公傳自荀卿，其義亦無一不相合。故當讀《孟

〔註6〕《萬木草堂口說·荀子》，《康有為全集》（第二集）中國人民大學出版社 2007 年版，第 183 頁。

〔註7〕《南海師承記·講文體》，《康有為全集》（第二集）中國人民大學出版社 2007 年版，第 241 頁。

〔註8〕《南海師承記·講文章源流》，《康有為全集》（第二集）中國人民大學出版社 2007 年版，第 242 頁。

〔註9〕《萬木草堂口說·孔子改制》，《康有為全集》（第二集）中國人民大學出版社 2007 年版，第 147 頁。

〔註10〕《南海師承記·講史記儒林傳》，《康有為全集》（第二集）中國人民大學出版社 2007 年版，第 238 頁。

〔註11〕《康南海先生講學記·古今學術源流》，《康有為全集》（第二集）中國人民大學出版社 2007 年版，第 112 頁。

〔註12〕《南海師承記·講宋元學派》，《康有為全集》（第二集）中國人民大學出版社 2007 年版，第 255 頁。

子》、《荀子》。(《孟子》無人不讀,但今讀法當別。)太史公以孟子、荀子同傳,又稱「孟子、荀卿之徒,以學顯於當世」,自唐以前無不二子並稱。至昌黎少抑之。宋人以荀子言性惡,乃始抑荀而獨尊孟。然宋儒言變化氣質之性,即荀子之說,何得暗用之而顯闢之?蓋孟子重於心,荀子重於學。孟子近陸,荀子近朱,聖學原有此二派,不可偏廢。而群經多傳自荀子,其功尤大,亦猶群經皆注於朱子,立於學官也。二子者,孔門之門者也,捨門而遽求見孔子,不可得也。二子當並讀,求其大義,貫串條分之。孔子心性之精,倫禮之大,制治之詳,無不具在,且激厲學者,其語尤切,學能通此,思過半矣。《孟子》人皆讀之,今但加以講求,則但讀《荀子》,數日可了。〔註13〕

這就是說,孟子、荀子都是孔學正宗,《孟子》和《荀子》一樣都是孔教的入門書,二者不可偏廢。有鑑於此,康有為對孟子與荀子相提並論,給予兩人一樣的重視和對待。在這方面,除了將孟子和荀子一起稱為孔門戰國時的「二伯」之外,康有為還或者將兩人一起譽為佛教的龍樹,基督教的保羅,或者將兩人分別比作佛教的馬鳴和龍樹。正是在這個意義上,康有為一而再、再而三地說道:

一教主之起,亦何獨不然?必有魁壘雄邁、龍象蹴踏之元夫鉅子為之發明布濩,而後大教盛。不惟其當時,而多得之於身後,若佛教之有龍樹、基督教之有保羅是也。孔子改制創教,傳於七十子,其後學散佈天下,徒侶六萬,於是儒分為八。而戰國時,孟、荀尤以巨儒為二大宗。太史公編《孔子世家》、《弟子列傳》,繼以《孟子荀卿列傳》,誠知學派之本末矣。〔註14〕

孔子後有孟、荀,佛有馬鳴、龍樹。〔註15〕

中國稱孟、荀,即婆羅門稱馬鳴、龍樹也。〔註16〕

〔註13〕《南海師承記·學章》,《康有為全集》(第二集) 中國人民大學出版社 2007 年版,第 213 頁。

〔註14〕《孟子微》序,《康有為全集》(第五集) 中國人民大學出版社 2007 年版,第 411 頁。

〔註15〕《萬木草堂口說·荀子》,《康有為全集》(第二集) 中國人民大學出版社 2007 年版,第 182 頁。

〔註16〕《萬木草堂口說·學術源流》,《康有為全集》(第二集) 中國人民大學出版社 2007 年版,第 147 頁。

　　與對孟子、荀子一視同仁相一致，康有為極為贊同司馬遷在《史記》中對孟子、荀子合傳的做法。除了上述引文之外，康有為還強調：「史公以荀、孟合傳，最為特識。」〔註17〕為了突出荀子的地位，康有為甚至對司馬遷在《史記》中詳於孟子的做法表示不滿：「史公敘《孟荀列傳》，詳於孟子，以孟子能得大旨，開口便闢惠王之言利也。然荀子以儒闢墨，其功最大。」〔註18〕

　　再次，康有為指出，孟子、荀子對秦後的中國文化產生了重要影響，對於傳承孔子之學——尤其是在攻擊孔教異端方面做出了巨大貢獻。

　　為了突出孟子、荀子對中國文化的廣泛影響，康有為或者聲稱唐以前是荀子的天下，唐以後是孟子的天下；或者斷言正如孟子引領了陸王心學一樣，荀子成為朱熹等人的先師。儘管康有為的具體說法或側重並不統一，然而，他突出孟子、荀子作為孔子的正宗傳人對秦後文化發生了重大影響的初衷是一致的。於是，康有為連篇累牘地宣稱：

　　　　唐以前尊荀子，唐以後尊孟子。〔註19〕

　　　　宋儒言學，必本於性，出孟、荀。〔註20〕

　　　　孟子高明，直指本心，是尊德性，陸、王近之。荀子沉潛，道
　　問學，朱子近之。〔註21〕

　　　　孔子之後，荀、孟甚似陸、朱。荀子似朱子，孟子似陸子。〔註22〕

　　　　至宋儒大發揮理學，分朱、陸兩派。朱子沉潛，一近聖人實學，
　　有似荀子。陸子高明，一近聖人大義，有似孟子。〔註23〕

　　在康有為那裏，孟子、荀子在孔門中的至尊地位與兩人得孔子嫡傳、發

〔註17〕《萬木草堂口說·荀子》，《康有為全集》（第二集）中國人民大學出版社 2007
　　　　年版，第 184 頁。

〔註18〕《南海師承記·講孟荀列傳》，《康有為全集》（第二集）中國人民大學出版社
　　　　2007 年版，第 229 頁。

〔註19〕《萬木草堂口說·荀子》，《康有為全集》（第二集）中國人民大學出版社 2007
　　　　年版，第 185 頁。

〔註20〕《萬木草堂口說·中庸》，《康有為全集》（第二集）中國人民大學出版社 2007
　　　　年版，第 174 頁。

〔註21〕《萬木草堂口說·學術源流》，《康有為全集》（第二集）中國人民大學出版社
　　　　2007 年版，第 135 頁。

〔註22〕《萬木草堂口說·學術源流》，《康有為全集》（第二集）中國人民大學出版社
　　　　2007 年版，第 139 頁。

〔註23〕《康南海先生講學記·古今學術源流》，《康有為全集》（第二集）中國人民大
　　　　學出版社 2007 年版，第 107 頁。

揮孔子的微言大義密切相關，更與攻擊異端、捍衛孔教密不可分。對於後者，康有為肯定孟子、荀子對於傳播孔教起了相同作用，強調兩人作為孔門護法使者的作用是相同的，都在攻擊異端中功不可沒。例如，康有為多次肯定孟子、荀子對墨子兼愛的攻擊，因為墨子竭力與孔子為難。康有為寫道：「若墨氏之學，……至於『兼愛』一義，亦出《大戴》，所謂孔子兼而無私，此二字無可議者。孟子之攻之者，當時自有所在，二千年實無議之者。昌黎等輩，安能解此？墨子在戰國，與孔子爭者也，故自行改制，短喪薄葬，非儒非命，皆力與孔子為難。孟、荀為孔子後學，自當力拒之。孔子最尊父子，特傳《孝經》，墨子則無差等，故以為無父，此實不可行者也。」〔註24〕康有為讓荀子和孟子一起來攻擊墨子，是為了證明兩人同樣是孔門的衛道者。在這方面，荀子與孟子一樣是孔門的護法使者。康有為甚至認為，荀子對墨子的攻擊比孟子更公允，因而說過「荀子攻異端最多，直過於孟子」〔註25〕之類的話。與此同時，他對荀子的《荀子‧解蔽》篇給予了高度評價：「《解蔽篇》稱孔子為先王，又稱聖王。《解蔽篇》，荀子為辟異教、崇孔子而發。」〔註26〕循著這個思路，康有為肯定荀子攻擊異端最有功，勝過了孟子。至此，各方面的情況一致表明，康有為對孟子、荀子一視同仁，並無任何厚此薄彼的跡象。

二、「美孟而劇荀」

綜觀康有為的全部思想可以發現，他並沒有始終對孟子與荀子一視同仁，而是區別看待：一方面，康有為對待荀子的態度前後判若兩人，先是奉荀學為孔門嫡傳，極力推崇；後是貶荀學為孔門「孽派」（梁啟超語），極力排斥。這使荀子的命運發生巨大逆轉，與孟子的距離也越來越遠。另一方面，與對荀子的態度和評價形成強烈反差的是，康有為對孟子的推崇矢志不渝，前後期之間並無明顯變化，反而在荀子地位一落千丈的映襯下越向後期越堅定、越篤實。鑑於這種情況，梁啟超稱康有為「美孟而劇荀」。

〔註24〕《答朱蓉生書》，《康有為全集》（第一集）中國人民大學出版社 2007 年版，第 326 頁。

〔註25〕《萬木草堂口說‧荀子》，《康有為全集》（第二集）中國人民大學出版社 2007 年版，第 184 頁。

〔註26〕《萬木草堂口說‧荀子》，《康有為全集》（第二集）中國人民大學出版社 2007 年版，第 186 頁。

　　首先，在早期考辨中國本土文化的「學術源流」，確立孔子的至尊地位之後，康有為中期的理論重心轉入對孔教內容的闡發，《孟子微》《論語注》《中庸注》《禮運注》《春秋筆削大義微言考》等便是這一思想的直接體現。在這些著作中，康有為往往撇開荀子而只將孟子與孔子聯繫在一起，一如既往地將孟子奉為孔門的正統傳人。這樣一來，荀子便失去了與孟子一樣的顯赫地位。

　　至於其中的原因，可以在康有為為《孟子微》所作的序中找到蛛絲馬跡：「荀卿傳《禮》，孟子傳《詩》、《書》及《春秋》。《禮》者，防檢於外，行於當時，故僅有小康，據亂世之制，而大同以時未可，蓋難言之。《春秋》本仁，上本天心，下該人事，故兼據亂、升平、太平三世之制。」〔註27〕在這裡，康有為以文本依據與思想內容兩個方面相互印證，共同說明了孟子、荀子在孔子之學中的不同地位和命運：第一，從經典文本上看，孟子傳承了《詩》《書》和《春秋》三部經典，並以傳承《春秋》為主，荀子則只傳承了《禮》。這就是說，孟子傳承了多部經典，故而比荀子的思想更為全面和重要。不僅如此，六經的不同地位更是決定了孟子的地位是荀子不可企及的。按照康有為的說法，儘管六經皆出於孔子之手，其重要性卻大不相同——六經以《春秋》為首，這使傳《春秋》微言大義的孟子具有了荀子無可比擬的優越性。第二，從思想內容上看，不同的經典文本注定了孟子、荀子思想的不同內容，兩人思想的不同內容本身就有優劣之分：作為外入之學的禮只能防檢於外，行於當時，充其量只有小康、據亂世之制，而無大同太平世之制。以《禮》為文本注定了荀子的思想以禮為主體內容，始終逃脫不了小康之學的窠臼。本於仁的《春秋》兼三世之制，孟子也由此成為孔子大同思想的傳人。從這個意義上說，孟子的思想優於荀子。

　　基於上述認識，康有為極力提升孟子的地位，使孟子由與荀子齊名的「二伯」一躍而獨自成為孔門「大伯」。有鑑於此，康有為在將孔子後學分為孟子與荀子兩派的前提下，對孟子的關注、推崇和闡發遠遠超過了荀子。

　　其次，康有為視界中的孟子、荀子命運恰成反比，對孟子的「獨尊」與對荀子的貶抑恰成鮮明對照——甚至可以說，正是對孟子的推崇加速了荀子地位的下滑乃至最終被邊緣化。

〔註27〕《孟子微》序，《康有為全集》（第五集）中國人民大學出版社 2007 年版，第411 頁。

可以看到，思想轉變之後，康有為對荀子的態度發生了巨大變化，以至於梁啟超在將康有為復原孔教的活動劃分為三個階段時，特意指出其中的第三階段以排斥荀子（荀學）為宗旨和特徵。據梁啟超披露：

其（指康有為——引者注）從事於孔教復原也，不可不先排斥俗學而明辨之，以撥雲霧而見青天。於是其料簡之次第，凡分三段階：

第一　排斥宋學，以其僅言孔子修己之學，不明孔子救世之學也。

第二　排斥歆學，（劉歆之學）以其作偽，誣孔子，誤後世也。

第三　排斥荀學（荀卿之學），以其僅傳孔子小康之統，不傳孔子大同之統也。……孔子立小康義以治現在之世界，立大同義以治將來之世界。所謂六通四辟，小大粗精。其運無乎不在也。小康之義，門弟子皆受之，而荀卿一派為最盛。傳於兩漢，立於學官；及劉歆竄入古文經，而荀學之統亦篡矣。宋元明儒者，別發性理，稍脫劉歆之範圍，而皆不出於荀學之一小支。大同之學，門弟子受之者蓋寡，子游、孟子稍得其崖略。〔註28〕

梁啟超的這個介紹和評價是符合康有為思想的變化軌跡的：如果說戊戌維新之前講學授徒時期的康有為尚孟子與荀子並提，將兩人並尊為孔門「二伯」的話，那麼，《新學偽經考》的敵人則是劉歆，《孟子微》《論語注》等著作則在推崇孟子的同時流露出貶抑荀子的思想動向。值得注意的是，並不僅僅限於梁啟超所指出的第三階段，康有為復原孔教的第一階段也與排斥荀子有某種內在關聯。這是因為，康有為將宋儒視為「荀學之一小支」，從這個意義上說，排斥宋儒時荀子已經脫不了干係。

審視康有為的思想可以發現，伴隨著思想的變化，他對荀子的評價急轉直下，彼此之間相去天壤。在萬木草堂講學時，康有為曾經對荀子有過至高評價，這方面的例子在這一時期屢見不鮮。例如：

荀子能通心學之本，發禮學之末。以此論之，荀子雖謂之具體可也。〔註29〕

〔註28〕《南海康先生傳》，《梁啟超全集》（第一冊）北京出版社 1999 年版，第 486～487 頁。

〔註29〕《萬木草堂口說·荀子》，《康有為全集》（第二集）中國人民大學出版社 2007年版，第 186 頁。

荀子之言學，最有次弟。言修身，最有條理。〔註30〕

內之於己，變化氣質，外之於人，開廣智識。二千年學者皆荀子之學也，《解蔽篇》多言心，餘篇多言禮。〔註31〕

言養心，莫如《解蔽篇》。言治身，莫如《修身篇》。讀《修身篇》，覺張子《東銘》淺矣。〔註32〕

按照這些說法，荀子的思想內外兼備——內有養心，外有修身，儼然與孔子之道一般，故而稱為「具體」。不僅如此，荀子之學有次第，講修身最有條理，以至於讀了荀子的《荀子·修身》篇之後，覺得張載的《東銘》也變得膚淺了。儘管康有為對宋儒的整體評價不高，然而，他卻對張載倍加推崇，對《正蒙》的讚譽更是無以復加。康有為斷言：

通宋代言義理，最精者《正蒙》一書，皆鑿鑿說出。〔註33〕

《正蒙》為宋儒第一篇文字，精深莫如《正蒙》，博大莫如《西銘》。〔註34〕

即使如此，當康有為視界中的張載遭遇荀子時，卻略遜一籌，由此便不難看出康有為早年對荀子的讚譽之高了。眾所周知，張載書《砭愚》《訂頑》於書房的東、西牖，程頤建議改為《東銘》《西銘》，收入《正蒙》中。這表明，康有為對《正蒙》的讚揚就包括《東銘》（《砭愚》）在內，對《東銘》不如《修身》篇的評價也包括《正蒙》在內。根據這個評價，荀子的思想不僅不比孟子遜色，反而在與孟子一樣長於養心的同時多了一項孟子缺少的禮。事實上，講學授徒時期的康有為承認荀子的思想有較之孟子的優長之處，並且拿出了具體證據。下僅舉其一斑：

孟子傳孔子之學粗，荀子傳孔子之學精。〔註35〕

〔註30〕《萬木草堂口說·荀子》，《康有為全集》（第二集）中國人民大學出版社2007年版，第186頁。

〔註31〕《萬木草堂口說·荀子》，《康有為全集》（第二集）中國人民大學出版社2007年版，第186頁。

〔註32〕《萬木草堂口說·荀子》，《康有為全集》（第二集）中國人民大學出版社2007年版，第186頁。

〔註33〕《南海師承記·講正蒙》，《康有為全集》（第二集）中國人民大學出版社2007年版，第232頁。

〔註34〕《南海師承記·續講正蒙及通書》，《康有為全集》（第二集）中國人民大學出版社2007年版，第233頁。

〔註35〕《萬木草堂口說·荀子》，《康有為全集》（第二集）中國人民大學出版社2007年版，第184頁。

荀子詳言禮學，而《解蔽篇》則就心學發揮，直過於孟子。〔註36〕

孟子難學，至好學荀子。言道之文，孟、荀三大家。荀子開漢調。孟子筆散淺而舊，荀子整新而深。〔註37〕

《荀子‧解蔽篇》最佳，《禮論》、《樂論》亦精。荀理較精於孟。〔註38〕

孟子言義理不如荀子。〔註39〕

除了肯定荀子擅長禮學，發揮心學過於孟子，並且在義理方面勝於孟子之外，康有為還肯定荀子攻擊異端的貢獻最大，對墨子的攻擊也較之孟子公允。對於荀子攻擊墨子的問題，康有為不止一次地發表了自己的看法：

墨子不謬在兼愛，孟子主意特攻其薄葬，荀子攻墨子更妥。〔註40〕

孟子攻墨，不如荀子之允。〔註41〕

同樣不可忽視的是，康有為對荀子的肯定集中在早期，上述引文皆出於戊戌變法之前的講學授徒時期，只代表康有為早期的看法。在發生思想轉變的中期思想中，康有為對荀子的態度發生根本性的變化，對孟子與荀子的評價也相去甚遠。荀子逐漸淡出了康有為的視野而被邊緣化，甚至成為孔門的異端。這時候，與早期視荀子為孔門正宗判若兩人，康有為承認荀子的思想出自孔子，卻斥之為旁門左道，並且指責荀子帶壞了宋儒。

總之，在康有為那裏，孟子始終是孔門嫡派，荀子卻遭遇了先揚後抑的多舛命運。這樣一來，孟子從與荀子一起並稱為孔門「二伯」變成了獨為孔門「大伯」，從而擁有了荀子無可比擬的顯赫地位。進而言之，康有為對孟子、荀子的不同態度與對兩人思想內容的認定息息相關，同時奠定了康有為對兩人的

〔註36〕《萬木草堂口說‧荀子》，《康有為全集》（第二集）中國人民大學出版社2007年版，第184頁。

〔註37〕《萬木草堂講義‧講文源流》，《康有為全集》（第二集）中國人民大學出版社2007年版，第298頁。

〔註38〕《萬木草堂口說‧諸子》，《康有為全集》（第二集）中國人民大學出版社2007年版，第179頁。

〔註39〕《萬木草堂講義‧講大學》，《康有為全集》（第二集）中國人民大學出版社2007年版，第301頁。

〔註40〕《萬木草堂口說‧諸子（三）》，《康有為學術文化隨筆》中國青年出版社1999年版，第29頁。

〔註41〕《萬木草堂口說‧諸子（三）》，《康有為學術文化隨筆》中國青年出版社1999年版，第30頁。

不同評價和取捨。

第二節　不憚其煩的思想比較

　　康有為的思想是前後變化的，無論他對孔教作何理解，孟子和荀子都是孔門後學，這一點是始終不變的。儘管如此，康有為對孟子、荀子的態度大不相同，致使兩人在孔教和康有為思想中的命運相差懸殊。其實，他對孟子、荀子的態度並非一時性起、隨感而發，而是建立在對兩人思想進行反覆比較的理性判斷和審慎選擇之上，無論是前期對孟子、荀子相提並論還是後期的尊孟抑荀都是如此。康有為在不同時期反反覆覆從不同角度對孟子與荀子的思想予以比較，這方面也隨之成為兩人關係的主要內容之一。

一、經典文本之差

　　康有為認為，孔子之道遠近本末大小精粗無所不備，無所不賅；弟子三千，七十二賢人都是孔子的傳人，他們的思想由於傳承了孔子大道的不同方面而有所差異。正如老子、墨子皆「一曲之士」是因為老子只偷得半部《易經》，而墨子只偷得半部《春秋》一樣，孟子與荀子雖然都是孔子後學，但是，兩人傳承了孔子的不同經典。對此，康有為一而再、再而三地比較說：

　　　　荀卿傳《禮》，孟子傳《詩》、《書》及《春秋》。〔註42〕

　　　　其（指孔子——引者注）後學，荀子傳《詩》、《書》、《禮》，孟子傳《春秋》，莊子傳《易》，其淺深即由此而分焉。〔註43〕

　　　　然孟子者，去孔子不遠，得《春秋》之傳，應比後儒可信也。
〔註44〕

　　　　《禮》出於荀，《樂》書亦然。〔註45〕

　　在這裡，康有為對孟子、荀子所傳孔子文本的說法並不統一，總之不外乎

〔註42〕《孟子微》序，《康有為全集》（第五集）中國人民大學出版社 2007 年版，第
　　　　411 頁。
〔註43〕《論語注》，《康有為全集》（第六集）中國人民大學出版社 2007 年版，第 430
　　　　頁。
〔註44〕《春秋筆削大義微言考》發凡，《康有為全集》（第六集）中國人民大學出版社
　　　　2007 年版，第 5 頁。
〔註45〕《萬木草堂講義‧講文源流》，《康有為全集》（第二集）中國人民大學出版社
　　　　2007 年版，第 298 頁。

兩種觀點：一是荀子傳《詩》《書》《禮》和《樂》，孟子只傳《春秋》；一是荀子只傳《禮》，孟子傳《詩》《書》和《春秋》。耐人尋味的是，康有為的這兩種觀點對於孟子傳《春秋》和荀子傳《禮》的認識是一致的，不同的只是將《詩》《書》或者說成是孟子所傳，或者說成是荀子所傳。對於康有為來說，無論《詩》《書》是否孟子所傳，只有《春秋》便足以顯示孟子在經典文本上對於荀子的絕對優勢了。這是因為，按照康有為的說法，六經具有精粗、深淺之分，不可等量齊觀。對此，康有為宣稱：「蓋《易》與《春秋》為孔子晚暮所作，《詩》、《書》、《禮》則早年所定。故《易》與《春秋》晚歲擇人而傳，《詩》、《書》、《禮》則早年以教弟子者。然《詩》、《書》、《禮》皆為撥亂世而作，若天人之精微，則在《易》與《春秋》。孔子之道，本末精粗，無乎不在；若求晚年定論，則以《易》、《春秋》為至也。」〔註46〕依據這個說法，六經之中只有《易》和《春秋》是孔子晚年的作品，故而傳達孔子大道，孔子對二者「擇人而傳」。在此基礎上，康有為指出，《春秋》與《易》兩相比較，《春秋》至貴，孟子所傳正是《春秋》。正是在這個意義上，他寫道：「孟子者，得子思升平之傳；故善言孔子者，莫如孟子。孟子言禹，則曰抑洪水；言周公，則曰兼夷狄、驅猛獸；言孔子，不舉其他，但曰『知我罪我，其惟《春秋》』，又曰『其事則齊桓、晉文，其文則史，其義則丘竊取之』。然則六藝之中，求孔子之道者，莫如《春秋》。」〔註47〕《春秋》的至關重要決定了傳《春秋》使孟子具有了荀子無可比擬的地位。

更有甚者，康有為指出孔子傳道有口說與經典之分，口說是孔子的微言大義，非其人不傳；所有的經典即六經（《詩》《書》《禮》《樂》《易》和《春秋》，又稱六藝）卻「日以教人」。從這個意義上說，傳承孔子的六經（六藝）十分尋常，傳承孔子的微言大義則非同尋常，而孟子與荀子卻恰恰分屬於孔子的口傳微言與六藝文本之教。康有為指出：

> 子贛曰：夫子之文章，可得而聞也；夫子之言性與天道，不可得而聞也。……文章，德之見乎外者，六藝也，孔子日以教人。若夫性與天道，則孔子非其人不傳。……其在於《詩》、《書》、《禮》、《樂》者，鄒魯之士，搢紳先生，多能明之。《詩》以道志，《書》以

〔註46〕《論語注》，《康有為全集》（第六集）中國人民大學出版社 2007 年版，第 429～430 頁。

〔註47〕《春秋筆削大義微言考》自序，《康有為全集》（第六集）中國人民大學出版社 2007 年版，第 3 頁。

道事，《禮》以道行，《樂》以道和，《易》以道陰陽，《春秋》以道名
分。其數散於天下，而設於中國者；百家之學，時或稱而道之。天
下大亂，賢聖不明，道德不一，天下多得一察焉以自好；譬如耳目
鼻口，皆有所明，不能相通。猶百家眾技也，皆有所長，時有所用。
雖然，不該不遍，一曲之士也；判天地之美，析萬物之理，察古人
之全，寡能備於天地之美，稱神明之容。是故內聖外王之道，闇而
不明，鬱而不發，天下之人，各為其所欲焉以自為方。悲夫！百家
往而不反，必不合矣。後世之學者，不幸不見天地之純，古人之大
體，道術將為天下裂。按莊子所稱『明而在數度者，舊法世傳』，即
夫子之文章可得而聞也。若性與天道，則小大精粗，無乎不在。以
莊子之肆恣精奇，而抑老、墨諸子為一曲之士，尊孔子為神明聖王，
稱為備天地之美，稱神明之容，又悲天下不聞性與天道，不得其天
地之純，各執一端，而孔子大道闇而不明，鬱而不發。⋯⋯《易》
曰：書不盡言，言不盡意。天下之善讀孔子書者，當知六經不足見
孔子之全。〔註48〕

　　按照這個說法，孟子、荀子傳承經典之分便不再重要，無論《春秋》還是
《禮》充其量只不過是孔子用以「日以教人」的六藝之傳而已，憑此無法窺見
孔子大道。康有為聲稱：「然則求孔子之道者，於六藝其可乎？子思曰：仲尼
祖述堯、舜，憲章文、武，上律天時，下襲水土。譬如天地之無不持載、無不
覆幬，如四時之錯行，日月之代明。」〔註49〕這就是說，六藝出自孔子，卻只
是孔子大道表層的「片段」。從這個意義上說，孟子、荀子的不同文本之別可
以忽略不計。盡管如此，問題到此並沒有結束，康有為強調，孔子之道有口說
與經典之分，口說口耳相處，傳達著孔子的微言大義，文本則以六藝為主。不
僅如此，與六藝相對的口說非其人不傳的是「性與天道」（「性天之學」），「性
天之學」是孔子大道，而其傳人則是孟子和莊子。這個說法與康有為認定「莊
子傳《易》」相印證，也使孟子和莊子一起成為孔子微言大義的正宗傳人。這
樣一來，在孔子的正宗傳人中，便沒有了荀子的位置。

　　至此可見，在肯定孟子和荀子一樣是孔子後學的前提下，通過對兩人所

〔註48〕《論語注》，《康有為全集》（第六集）中國人民大學出版社2007年版，第411
　　　～412頁。
〔註49〕《春秋筆削大義微言考》自序，《康有為全集》（第六集）中國人民大學出版社
　　　2007年版，第3頁。

傳文本和傳承方式的梳理，康有為肯定孟子在源頭處便具有了荀子無法企及的優越性。康有為由孟子、荀子並舉轉向尊孟抑荀是出於對兩人思想的差異認定，而兩人思想的差異在一定程度上取決於對不同文本的傳承。在這方面，孟子和荀子作為孔子後學都從孔子的六經而來，對六經的取捨卻大不相同：《禮》與《春秋》《詩》《書》在孔學中的地位差異先天地決定了孟子與荀子思想的區別，《春秋》在六經中的首屈一指奠定了傳承《春秋》的孟子地位的無可比擬。在此基礎上，口傳與傳經之別更是將孟子、荀子傳承文本的差異推向了極致。

二、學術譜系之別

康有為認為，孟子、荀子的思想不僅依據孔子的不同文本而來，而且擁有各自獨立且涇渭分明的師承關係和學術譜系。這用康有為本人的話說便是：「荀子發揮子夏之學，孟子發揮子游之學。」〔註50〕這就是說，孟子、荀子的思想儘管都源於孔子，卻從孔子不同的弟子處傳承而來，屬於不同的傳承譜系。孟子師出子游，荀子師出子夏。這是康有為關於孟子、荀子師承關係和學術譜系最常見的說法。孔子親授弟子眾多，七十子各有側重。同為賢人的子游與子夏的思想就傳承了孔子思想的不同內容而有所差異，這決定了分屬其後學的孟子、荀子的思想迥然不同。在孔子的親授弟子中，康有為極為推崇子游。這表明，作為子游的後學與作為子夏的後學地位是有差別的，孟子得子游之傳即預示著得孔子真傳。

堅持孟子是子游後學是康有為關於孟子學術身份和傳承譜系的基本觀點，康有為有關這方面的論述有在孟子與荀子對比的維度上立論的，也有專門就孟子立論的。在專門就孟子立論的維度上，康有為反覆強調：

> 荀子言子思出於子游，《史記》言孟子子思門人，則孟子亦傳子
> 游之學。〔註51〕

> 言偃，孔子弟子，字子游。《荀子·非十二子篇》稱：仲尼、子
> 游為茲厚於世。以子游與仲尼並稱，且以子思、孟子同出於子游。
> 蓋子游為傳大同之道者，故獨尊之。此蓋孔門之秘宗，今大同之道

〔註50〕《萬木草堂口說·禮運》，《康有為全集》（第二集）中國人民大學出版社2007
　　　年版，第160頁。

〔註51〕《萬木草堂口說·孟荀》，《康有為全集》（第二集）中國人民大學出版社2007
　　　年版，第181頁。

幸得一傳，以見孔子之真，賴是也。〔註52〕

　　進而言之，在康有為那裏，無論孟子還是荀子都並非擁有單一的傳承譜系，而是擁有多重譜系。因此，康有為在肯定荀子出於子夏的同時，也為荀子找到了另外兩重師承譜系：一是仲弓，一是曾子。第一，對於荀子是仲弓後學，康有為一再斷言：

　　　　荀子多以仲尼、子弓並稱。子弓即仲弓，意當時仲弓之學甚盛，於孟子見子思之學，於荀子見仲弓之學。〔註53〕

　　　　《非十二子篇》言仲尼、子弓，是也，按：子弓，即仲弓也，與孔子並稱，可見荀子之學出仲弓。〔註54〕

　　在這裡，康有為不止一次地肯定子弓即仲弓。大多數學者如唐代的楊倞、元代的吳萊、清代的汪中和俞樾等人都持這個觀點。當然，也有學者提出荀子學於仲弓，並且都有「史」可查，似乎言之鑿鑿。具有戲劇性的是，康有為在這裡證明荀子學於仲弓的證據是荀子的《非十二子》篇，而這正是荀子在前面用來證明孟子學於子游的證據——康有為在前面說，荀子在《荀子·非十二子》篇中曰「子游與仲尼並稱」，表明孟子對子游「獨尊之」，由此推導出孟子是子游後學；在這裡卻說荀子在《荀子·非十二子》篇中將仲弓「與孔子並稱」，由此推斷「荀子之學出仲弓」。第二，對於荀子學於曾子，陸乃翔、陸敦騤介紹康有為的觀點時說：「孔子之道，有天道，有人道。人道有大同、小康二者，惟顏子具體而盡傳之。子貢傳其天道，子貢傳之田子方，田子方傳之莊子，故言在宥而與天為徒也。有子傳其大同之道於子游，子游傳之子思，子思傳之孟子。曾子傳其人道之小康者，其後學傳之荀子。」〔註55〕在這裡，荀子成為曾子的後學，與此相對應的是將孟子的傳承源頭從子游上溯到了有子。

　　上述內容顯示，康有為給荀子找到了眾多的學術源頭，表明荀子具有多重的傳承譜系。從表面上看，這似乎證明了荀子在孔學中的重要地位，事實並非如此。這是因為，作為荀子思想源頭的仲弓在孔門弟子中並不顯赫，在康有為

〔註52〕《禮運注》，《康有為全集》（第五集）中國人民大學出版社 2007 年版，第 554 頁。

〔註53〕《萬木草堂口說·孔子改制》，《康有為全集》（第二集）中國人民大學出版社 2007 年版，第 147 頁。

〔註54〕《萬木草堂口說·荀子》，《康有為全集》（第二集）中國人民大學出版社 2007 年版，第 185 頁。

〔註55〕《南海先生傳》，《康有為全集》（第十二集）中國人民大學出版社 2007 年版，第 457 頁。

所論的孔門「十哲」中也不見蹤影。〔註56〕至於曾子，則被康有為貶斥為規模狹隘，是孔子後學中最早使孔教「割地」者。更能反映康有為對曾子的敵視態度的是，由於認定《論語》為曾子及門人所纂，康有為便對《論語》極力貶低。在這個背景下，康有為肯定荀子與曾子相關不僅不能提升荀子在孔學中的地位，反而為其指責荀子將孔教狹隘化埋下了伏筆。與此相一致，在斷言荀子出於曾子的同時，康有為指出，孟子從有子、子游處傳大同之道，荀子從曾子處傳小康之道。儘管兩人所傳內容都屬於人道，與莊子傳承的天道不同，但是，大同、小康之間的高低、優劣則是顯而易見、不證自明的。

與此同時，康有為也為孟子尋找到多重傳承系統。與荀子形成強烈反差的是，康有為眼中的孟子師出名門，每一層師承關係都為孟子帶來了無比的榮耀。

首先，康有為極力彰顯孟子與子思的傳承關係。為了提升孟子的地位，康有為不惜在貶低荀子之師——曾子、子夏的前提下突出子思之學的博大精深，進而突出孟子與子思之間的學術淵源關係。

關於孟子與子思的關係，康有為的說法眾多，不一而足。下僅舉其一斑：

曾、夏皆傳粗學，子思能傳心學。〔註57〕

孟子之學出於子思，見《史記》。然比之《中庸》，理多不粹，其不及子思遠矣。〔註58〕

孟子受業子思之門人，有《史記》可考。子思受業曾子，無可據。子思作《中庸》，精深博大，非曾子可比，惟孟子確得子思之學。〔註59〕

子思以孔學之粗者傳之孟子。〔註60〕

康有為的這些說法之間不是互洽的，顯然不能自圓其說。儘管如此，這些

〔註56〕康先生論十哲當以顏子、曾子、有子、子游、子夏、子張、子思、孟子、荀子、董子居首。

〔註57〕《萬木草堂口說・學術源流》，《康有為全集》（第二集）中國人民大學出版社2007年版，第133頁。

〔註58〕《萬木草堂口說・中庸》，《康有為全集》（第二集）中國人民大學出版社2007年版，第170頁。

〔註59〕《萬木草堂口說・孔子改制》，《康有為全集》（第二集）中國人民大學出版社2007年版，第147頁。

〔註60〕《萬木草堂口說・中庸》，《康有為全集》（第二集）中國人民大學出版社2007年版，第172頁。

言論卻共同指向了一個主題：子思在孔子之學中具有至關重要的地位。因此，無論得孔學之粗還是得孔學之精，得子思之學本身就顯示了在孔學中無可匹敵的高貴出身和地位。與子思的密切相關使孟子借助子思在勢力上壓倒了荀子，也從一個側面奠定了孟子之學的博大精深。意味深長的是，在堅持孟子是子思後學的同時，康有為一再打壓曾子，不僅聲稱其傳孔學之粗，與子思之學的精深博大絕無可比性，而且斷然否認子思與曾子有學術關聯。這表明，在對孟子與子思學術淵源的說明中，康有為不僅通過孟子與子思的學術關係從正面證明了孟子的高貴身份，而且通過貶低荀子之師——曾子的地位從反面提升了孟子的地位。

與上述說法略同，康有為曾經發出過如下斷言：「子思、孟子傳子游、有子之學者也。程子以子思為曾子門人，蓋王肅偽《家語》之誤。今以《中庸》、《孟子》考之，其義閎深，曾子將死之言，尚在容貌辭氣顏色之間，與荀子之禮學同，其與子思、孟子異矣。」〔註61〕由此可見，康有為在堅持孟子出於子思的同時，堅決否認孟子出於曾子，卻將荀子推給了曾子。

其次，與借助子游、子思提升孟子地位的思路相一致，康有為在孔子的另一位親授弟子——有子那裏為孟子找到了傳承源頭，並且在有子以及子思與孟子的密切相關中證明孟子具有荀子無可比擬的身份地位。

在推崇孟子、闡發孟子思想的《孟子微》中，康有為寫下了這樣一段話：「《論語》開章於孔子之後，即繼以有子、曾子，又孔門諸弟子皆稱字，雖顏子亦然，惟有子、曾子獨稱子。蓋孔門傳學二大派，而有子、曾子為鉅子宗師也。自顏子之外，無如有子者，故以子夏之學，子游之禮，子張之才，尚願事以為師，惟曾子不可，故別開學派。今觀子夏、子張、子游之學，可推見有子之學矣。子游傳大同之學，有子必更深，其與曾子之專言省躬寡過、規模狹隘者，蓋甚遠矣。後人並孟子不考，以曾子、顏子、子思、孟子為四配，而置有子於子夏、子張、子游之下，不通學派甚矣。大約顏子、子貢無所不聞，故孔子問子貢與回也孰愈，而歎性與天道。子貢傳太平之學，曰：我不欲人之加諸我，吾亦欲無加諸人。人己皆平。莊子傳之，故為『在宥』之說，其軌道甚遠。有子傳升平之學，其傳在子游、子張、子夏，而子游得大同，傳之子思、孟子。曾子傳據亂世之學，故以省躬寡過為主，規模少狹

〔註61〕《孟子微》，《康有為全集》（第五集）中國人民大學出版社2007年版，第497頁。

隘矣。曾子最老壽，九十餘乃卒，弟子最多，故其道最行。而有子亦早卒，其道不昌，於是孔子之學隘矣，此儒教之不幸也。」〔註62〕從表面上看，康有為的這段話並不是直接推崇孟子的，而是從孔子親授弟子的角度為有子爭地位的——更確切地說，是以有子打壓曾子的。值得一提的是，康有為在這裡將孟子乃至孟子之師——子游上溯到了與子游一樣同為孔子親授弟子的有子，即「有子傳升平之學，其傳在子游、子張、子夏，而子游得大同，傳之子思、孟子」。這就是說，康有為雖然堅持孟子之學得於子思、子游，但是，他卻向前追溯到了有子。意味深長的是，伴隨著有子與孟子的密切相關，康有為彰顯有子在孔子親授弟子中首屈一指的地位。具體地說，康有為雖然在表面上說有子與曾子對孔子之學各領一支，但是，他卻強調有子對孔子之道無所不聞，曾子之學規模狹隘。康有為指出，有子之學在內容上遠遠超過了曾子，並且將獨立擔綱一派的孔子親授弟子——子夏、子張和子游等人統統歸到了有子的門下。這一切似乎都在說，有子就是孔子第二，其學在孔子弟子中無人能敵。在這個前提下，康有為借助有子證明了孟子的顯赫地位——除了有子地位的顯赫使得其真傳的孟子受益匪淺之外，還有孟子與子思直接的師承關係。最能體現孟子與荀子不同地位的是，在被康有為提及的數人之中，除了孔子的親授弟子和子思之外，只有莊子和孟子兩個人，而孟子則直授於子思。至此，康有為提交的各種證據都指向孟子的嫡傳身份，卻始終沒有荀子的影子。

至此可見，為了配合孟子地位的提升，康有為追溯了孟子之學的傳承譜系：孔子→有子→子游→子思→孟子，以此證明孟子為孔子嫡傳，是「得孔子之本者也」「真得孔子大道之本者也」。更有甚者，如果說康有為在孟子與荀子並舉時分別為兩人尋找傳承譜系的話，那麼，為了提升孟子的地位，康有為一再試圖從各個角度在師承關係上為孟子尋找身份顯赫的證據，致使孟子的地位越來越無可匹敵。

通過上述追溯和比較，康有為勾勒出孟子、荀子各自獨立、互不相涉的師承關係和傳承系統。這個勾勒十分重要，不僅決定了孟子、荀子思想的內容和特點，而且從源頭上證明了兩人思想的高低之分，進而決定了康有為對待孟子、荀子的不同態度——從早期的孟子與荀子比較轉向後來的專門為孟子「尋

〔註62〕《孟子微》,《康有為全集》（第五集）中國人民大學出版社 2007 年版，第 496 頁。

根」。與此同時，荀子的傳承譜系不再是康有為關注的問題。

三、學術方式之殊

　　按照康有為的說法，孟子、荀子思想的不同除了上面提到的孟子傳《春秋》，荀子傳《禮》之外，還包括傳承方式的區別。就對《春秋》的傳承來說，孟子開闢了公羊學的傳承方式，以《春秋公羊傳》為主要經典；荀子開啟了穀梁學的傳承方式，以《春秋穀梁傳》為主要經典。公羊學與穀梁學的學術傳統和傳承方式決定了孟子注重發揮微言大義，荀子注重考據訓詁。對於這一點，康有為一而再、再而三地宣稱：

　　　　孟子，公羊之學。荀子，穀梁之學。〔註63〕

　　　　荀子傳《穀梁》，孟子傳《公羊》。〔註64〕

　　　　孟傳《公羊》，多發大義；荀傳《穀梁》，而不甚發明。〔註65〕

　　《春秋公羊傳》又稱《公羊春秋》，簡稱《公羊傳》。據何休《公羊傳序》、徐彥《疏》引戴宏《序》說，該書由子夏傳給公羊高，公羊高的子孫口耳相傳，漢景帝時由公羊壽和胡毋生（子都）寫定。《春秋穀梁傳》又稱《穀梁春秋》，簡稱《穀梁傳》。據范甯《穀梁傳序》、楊士勳《疏》說，該書由子夏傳給穀梁俶，由穀梁俶寫定成書。這表明，《春秋公羊傳》《春秋穀梁傳》都是對《春秋》的解釋（即著名的《春秋》三傳中的二傳），並且都屬於今文經學，而不同於《春秋左傳》（又稱《春秋左氏傳》或《左傳》）代表的古文經學。從這個意義上說，康有為認定荀子傳《春秋穀梁傳》便肯定了荀子之學與《春秋》相關，並且與孟子傳承的《春秋公羊傳》一樣屬於今文經。正是在這個意義上，康有為特意指出：「傳《詩》則申公，《禮》則東海孟公，《春秋》則胡毋生，皆荀子所傳。孟子之後無傳經，惟《韓非子·顯學篇》有樂正氏之儒。」〔註66〕稍加留意即可發現，這個說法與康有為一貫堅持的孟子傳《春秋》、荀子傳《禮》

〔註63〕《萬木草堂口說·學術源流》，《康有為全集》（第二集）中國人民大學出版社2007年版，第135頁。
〔註64〕《萬木草堂口說·孔子改制》，《康有為全集》（第二集）中國人民大學出版社2007年版，第147頁。
〔註65〕《萬木草堂口說·孔子改制》，《康有為全集》（第二集）中國人民大學出版社2007年版，第151頁。
〔註66〕《萬木草堂口說·荀子》，《康有為全集》（第二集）中國人民大學出版社2007年版，第182頁。

之間具有較大出入。不僅如此,《春秋公羊傳》和《春秋穀梁傳》都是子夏所傳,這與《論語‧先進》篇中「文學:子游、子夏」的記載相一致。從這個角度看,康有為肯定荀子之學出於子夏,傳《春秋》具有合理性,強調子游、有子是孟子之師與傳《春秋》之間同樣並非沒有可能性。

問題的關鍵是,康有為是一位今文經學家,故而極力貶低古文經學;康有為更是一位公羊學家,故而不能對同樣作為今文經的《春秋公羊傳》與《春秋穀梁傳》一視同仁。在他的視界中,正如《春秋公羊傳》與《春秋穀梁傳》之間呈現出一個注重義理闡發,一個執著考據訓詁一樣,孟子、荀子開啟並秉持著不同的學術傳統。更有甚者,康有為將屬於古文經學的劉歆說成是「不出荀學之一小支」,可以證明荀子在康有為的眼中至少離古文經學比離作為今文經的公羊學更近。對於康有為來說,不論《春秋公羊傳》與《春秋穀梁傳》的文本還是兩者之間不同的致思方式都注定了孟子、荀子思想的不同,從而預示了兩人不同的地位以及對後世的不同影響。當然,這其中還夾雜著康有為本人對今文經的癡迷與對古文經的偏見。他寫道:「今日之害,於學者先曰訓詁,此劉歆之學派。用使學者碎義逃難,窮老盡氣於小學,童年執藝,白首無成。必掃除之,使知孔子大義之學,而後學乃有用。孔子大義之學,全在今學。」〔註67〕不僅如此,孟子、荀子一個公羊學、一個穀梁學在康有為那裏不只具有事實意義,而且具有涇渭分明的價值區分。可以說,康有為對孟子、荀子的不同態度在一定程度上由於兩人遵循公羊學與穀梁學的不同套路,也可以說,對今文經與古文經相去天壤的價值旨趣最終決定了康有為對待孟子、荀子的態度。按照康有為的看法,作為古文經學家的劉歆是荀子的後學。這表明,荀子的穀梁學與同樣屬於今文經學的公羊學更遠,而與古文經學更近。

四、思想內容之異

既然康有為不是認為荀子傳承孟子之學而是斷言孟子與荀子依據孔子的不同文本而來,擁有不同的師承關係,秉持不同的學術傳統,那麼,兩人的思想呈現差異甚至迥然懸殊便在情理之中。事實正是如此,按照他的說法,由於依據的文本有別,解讀經典的方式懸殊,孟子與荀子關注的問題不可同日而

〔註67〕《與朱一新論學書牘》,《康有為全集》(第一集)中國人民大學出版社 2007 年版,第 317 頁。

語，這一切都造成了兩人思想內容的相去甚遠。

　　首先，康有為指出，孟子之學以經世為主，言仁政以經營天下，屬內出之學，重擴充；荀子之學以傳經為主，言禮以正身，屬外入之學，重踐履。

　　康有為對於孟子、荀子思想這方面差異的比較不勝其繁，比比皆是。下僅舉其一斑：

　　　　孟子學多在德性，荀子學多在禮。〔註68〕

　　　　傳經之功，荀子為多，孟子多言經世。孟子言仁制，經天下者也；荀子言禮，正一身者也。孟學從內出，荀學言外入。內出，故重擴充；外入，故言踐履。〔註69〕

　　　　孟多言仁，荀多言禮。禮之於賓主也，動容周施中禮，自反而有禮，孟子言禮學甚淺。〔註70〕

　　　　荀子以仁智並舉，孟子則以仁義並舉矣。〔註71〕

　　這就是說，孟子、荀子思想的所有差異最初就隱藏在不同的文本經典之中。六經雖然都是孔子所作，但是，它們在內容上卻各不相同。其中，孟子依據的《春秋》與荀子依據的《禮》在內容上相去甚遠，由此導致了兩人思想的不同內容和特徵：深得《春秋》微言大義的孟子關注內在的德性和修養，以仁為核心；荀子的思想因循《禮》而來，以禮為核心。換言之，孟子、荀子的思想呈現出一德一禮、一內一外的區別，而兩人思想的所有差別都可以歸結為仁與禮。這便是孟子仁義並舉，而荀子仁智並舉的原因。

　　其次，康有為認為，不同的師承關係和文本傳承方式對孟子、荀子思想的差異推波助瀾，致使兩者之間漸行漸遠。

　　對於孟子、荀子思想內容的差異，康有為連篇累牘地聲稱：

　　　　孟子通《詩經》，明治天下之大端。荀子則切乎人道之極。〔註72〕

〔註68〕《康南海先生講學記‧古今學術源流》，《康有為全集》（第二集）中國人民大學出版社 2007 年版，第 106 頁。

〔註69〕《萬木草堂口說‧古今學術源流》，《康有為全集》（第二集）中國人民大學出版社 2007 年版，第 136 頁。

〔註70〕《萬木草堂口說‧荀子》，《康有為全集》（第二集）中國人民大學出版社 2007 年版，第 181 頁。

〔註71〕《萬木草堂口說‧荀子》，《康有為全集》（第二集）中國人民大學出版社 2007 年版，第 184 頁。

〔註72〕《萬木草堂口說‧荀子》，《康有為全集》（第二集）中國人民大學出版社 2007 年版，第 183 頁。

　　　　荀子發揮「自明誠」，孟子發揮「自誠明」。〔註73〕

　　　　孟言擴充，是直出。荀言變化，是曲出。〔註74〕

　　　　荀言窮理，多奧析。孟養氣，故學問少。〔註75〕

　　　　孟子開口講求放心，荀子開口講勸學。〔註76〕

　　　　孟子多言仁，少言禮，大同也。荀子多言禮，少言仁，小康也。

〔註77〕

　　按照康有為的說法，不同的傳承方式注定了孟子擅長發揮微言大義，荀子則側重傳經之功。不僅如此，孟子、荀子思想的不同內容指向不同的適用範圍——孟子的思想通往大同，荀子的思想囿於小康。

　　在對孟子、荀子思想內容進行比較的過程中，康有為在有些情況下肯定荀子之長。例如，他曾經斷言：「戰國以還，稱博聞勤學者，必以孔、墨為稱首，而諸子不與焉，其並名如此。蓋孔子、墨子皆以學問、制度勝人，諸子多空虛，非其比也。雖宜於時者，墨不如孔，而荀勝孟，朱勝陸，後人皆荀、孟並稱，朱、陸對舉，正與此同。觀後以知前，最足勝據者矣。」〔註78〕在這裡，康有為肯定諸子之中以孔子、墨子為首，是因為兩人有別於諸子的「多空虛」，而「以學問、制度勝人」。與孔子、墨子與諸子的這種差異類似，荀子由於側重外制而關注制度，故而「荀勝孟」。在這個維度上，向前追溯，如果說荀子類似於孔子、墨子的話，那麼，孟子則類似於諸子；向後推延，如果說荀子類似朱熹的話，那麼，孟子則與陸九淵接近。

　　不可否認的是，康有為在大多數情況下突出的還是孟子勝於荀子。其中，最根本也最簡單的一點是，孟子、荀子對仁與禮的不同側重決定了兩人思想具

〔註73〕《萬木草堂口說・中庸》，《康有為全集》（第二集）中國人民大學出版社2007年版，第173頁。

〔註74〕《萬木草堂口說・荀子》，《康有為全集》（第二集）中國人民大學出版社2007年版，第182頁。

〔註75〕《萬木草堂口說・荀子》，《康有為全集》（第二集）中國人民大學出版社2007年版，第182頁。

〔註76〕《萬木草堂講義・七月初三夜講源流》，《康有為全集》（第二集）中國人民大學出版社2007年版，第289頁。

〔註77〕《萬木草堂口說・禮運》，《康有為全集》（第二集）中國人民大學出版社2007年版，第160頁。

〔註78〕《孔子改制考》卷十八，《康有為全集》（第三集）中國人民大學出版社2007年版，第218頁。

有不同的時限範圍。這是因為,「天下為家,言禮多而言仁少。天下為公,言仁多而言禮少」〔註79〕。這就是說,康有為不僅揭示、彰顯孟子與荀子思想的差異,而且根據這些差異對兩人的思想予以不同的評價和取捨,致使孟子、荀子的思想擁有了迥然懸殊的學術命運。梁啟超的介紹為這個判斷提供了佐證,並且直觀地闡明了其中的道理:

> 則大同教派之大師,莊子、孟子也。小康教派之大師,荀子也。而自秦漢以後,政治學術,皆出於荀子。故二千年皆行小康之學,而大同之統殆絕之所由也。今先將荀子全書、提其綱領,凡有四大端。
>
> 一 尊君權,其徒李斯傳其宗旨,行之於秦。為定法制,自漢以後。君相因而損益之,二千年所行,實秦制也。此為荀子政治之派。
>
> 二 排異說,荀子有《非十二子篇》,專以攘斥異說為事,漢初傳經之儒,皆出荀子,故襲用其法,日以門戶水火為事。
>
> 三 謹禮儀,荀子之學,不講大義,而惟以禮儀為重,束身寡過,拘牽小節,自宋以後,儒者皆蹈襲之。
>
> 四 重考據,荀子之學,專以名物、制度、訓詁為重,漢興。群經皆其所傳,斷斷考據,寖成馬融、鄭康成一派,至本朝(清)而大受其毒,此三者為荀子學問之派。
>
> 由是觀之,二千年政治,既皆出荀子矣。而所謂學術者,不外漢學、宋學兩大派。而實皆出於荀子,然則二千年來,只能謂為荀學世界,不能謂之為孔學世界也。〔註80〕

這段話出自《論支那宗教改革》,是梁啟超的一篇演講稿。梁啟超在開頭便申明自己「述康南海之言」,因此,梁啟超的說法也可以視為康有為的觀點。

上述內容顯示,康有為對孟子、荀子的比較始終側重於異,即使是在肯定兩人皆孔門嫡傳之時,也側重孟子、荀子所依文本、學術譜系和傳承方式的區別。循著這個思路,孟子、荀子思想的差異似乎成了不可逃遁的必然,接下來便是對兩人差若雲泥的評價,以及由此導致的孟子、荀子命運的相去天壤。難怪梁啟超在將康有為所講的孔教分為特別與普通兩類,分別比喻為佛教的大乘與小乘之後,將孟子傳承的由《春秋》演繹的大同之教稱為高級的孔教(「特

〔註79〕 《萬木草堂口說·禮運》,《康有為全集》(第二集)中國人民大學出版社 2007 年版,第 160 頁。

〔註80〕 《論支那宗教改革》,《梁啟超全集》(第一冊)北京出版社 1999 年版,第 264 頁。

別之教」），將荀子傳承的由《禮》而來的小康之教稱為低級的孔教（「普通之教」）。對此，梁啟超寫道：「孔門之為教，有特別普通之二者。特別者，所謂中人以上，可以語上也；普通者，所謂中人以下，不可以語上也。普通之教，曰《詩》、《書》、《禮》、《樂》，凡門弟子皆學之焉，《論語》謂之為雅言，雅者通常之稱也。特別之教，曰《易》、《春秋》，非高才不能受焉，得《春秋》之傳者為孟子，得《易》之傳者為莊子。普通之教，謂之小康；特別之教，謂之大同。然天下中才多而高才少，故傳小康者多而傳大同者少。大同、小康，如佛教之大乘、小乘，因說法有權實之分，故立義往往相反。耽樂小乘者，聞大乘之義而卻走。且往往執其偏見以相攻難，疑大乘之非佛說。故佛說《華嚴經》時，五百聲聞，無一聞者，孔教亦然，大同之教，非小康弟子之所得聞。既不聞矣，則因而攻難之，故荀卿言，凡學始於誦《詩》，終於讀《禮》。不知有《春秋》焉。《孟子》全書，未嘗言《易》，殆不知有《易》焉。蓋根器各不同，而所授亦異，無可如何也？」〔註81〕

依據梁啟超的說法，孟子與荀子思想的區別集中體現在四個方面：第一，在孔學中的地位不同：孟子之學是高級的，屬於孔學的「特別之教」；荀子之學是低級的，屬於孔學的「普通之教」。第二，文本依據不同：作為「非高才不能受」的《易》、《春秋》分別被莊子和孟子接續，荀子卻因循「幾門弟子皆學」的《禮》、《樂》。第三，關注內容不同：孟子、荀子對不同文本的傳承是由於根器不同，《春秋》與《禮》的不同文本反過來又使兩人的思想呈現出不同的層次——孟子傳大同，荀子傳小康；大同相當於佛教的大乘，小康相當於佛教的小乘。第四，理論旨趣不同：孟子、荀子分別傳承的大同、小康思想具有權實之分，「立義往往相反」，故而相互攻擊、非難。這就是說，雖然師出同門，但是，孟子與荀子的思想具有本質區別，孟子的大同之教是作為小康弟子的荀子非所「得聞」的。

梁啟超的介紹和歸納基本上反映了孟子、荀子的思想在康有為視界中的差異。這表明，在康有為那裏，孟子與荀子思想的不同是必然而巨大的，在各個方面體現出來。與此相聯繫，康有為在肯定孟子、荀子為孔門「二伯」之時，並沒有將兩人歸為同一派之中，而是反覆強調孟子與荀子分孔學為兩派。正是在這個意義上，他一而再、再而三地斷言：

〔註81〕《論支那宗教改革》，《梁啟超全集》（第一冊）北京出版社 1999 年版，第 263～264 頁。

孔門兩大派，孟子、荀子。〔註82〕

孔門自七十子後學外，至戰國時，傳道者有孟子、荀子，分兩派。〔註83〕

孔子之後儒分為八，至孟、荀遂分兩大宗。〔註84〕

進而言之，康有為對孟子、荀子的兩派之分使兩人思想的比較具有了必要性——突出兩人在孔教中的不同地位和作用，進而為他在對孔教內容的進一步釐清中崇孟而抑荀，彰顯孔教真義奠定了基礎。

康有為對孟子、荀子的思想比較奠定了對兩人思想的不同評價和取捨。可以看到，康有為對孟子、荀子的態度——不論他對孟子始終如一的推崇還是對荀子先揚後貶的巨大變化都不是隨時或隨意而發的，而是根據對孟子、荀子各方面思想的比較發出的。從這個意義上說，康有為對孟、荀的態度是有理性支持的，可以說是經過長期理性思考或論證之後作出的選擇。

第三節　比較的內容和標準

上述內容顯示，就比較的內容來說，康有為對孟子、荀子的比較從經典文本到學術譜系，再從傳承方式最後到思想內容，可謂無所不包。正因為如此，康有為對孟子、荀子的比較在近代哲學家中是最全面的，內容之豐富、視野之廣博遠非其他近代哲學家可比。儘管如此，就比較的深度——特別是對康有為本人或近代哲學的影響而言，則非人性論莫屬。據梁啟超披露：「啟超與康有為最相反之一點，有為太有成見，啟超太無成見。」〔註85〕意思是說，康有為極有成見，一旦形成某種思想便不再有大的更改。就康有為與梁啟超相比而言，梁啟超的說法具有一定道理，因為梁啟超本人無論在政治上還是在學術上都以多變著稱於世。正是由於這個原因，與梁啟超相比，康有為自然「太有成見」。具體到對人性的看法來說，梁啟超對康有為的評價並不適用。事實是，

〔註82〕《萬木草堂口說·學術源流（二）》，《康有為學術文化隨筆》中國青年出版社1999年版，第5頁。

〔註83〕《康南海先生講學記·古今學術源流》，《康有為全集》（第二集）中國人民大學出版社2007年版，第106頁。

〔註84〕《南海師承記·講史記儒林傳》，《康有為全集》（第二集）中國人民大學出版社2007年版，第238頁。

〔註85〕《清代學術概論》，《梁啟超全集》（第五冊）北京出版社1999年版，第3102頁。

康有為對人性的看法變化無常，較為複雜，與之糾纏在一起的還有對孟子性善說和荀子性惡論的判定以及隨之而來的對孟子、荀子的不同評價。

最初，萬木草堂時期的康有為曾經類似於告子，秉持人性無善無惡說，因而不厭其煩地強調人性作為先天之質不分善惡。

顯而易見，康有為的下列說法都流露出這樣的思想傾向：

> 性只有質，無善惡。〔註86〕

> 性者，生之質也，未有善惡。〔註87〕

> 性無善惡，善惡聖人所主也。〔註88〕

沿著這個思路，既然性無善惡，那麼，孟子宣稱人性善和荀子主張人性惡都屬於性有善惡之列，與康有為對人性的界定都是相左的。在這個維度上，康有為對兩人的人性論都予以否定：

> 孟子言性善，是天下有生知安行無困勉也。荀子言惡，是天下有困勉無生知安行也。〔註89〕

> 孟子言擴充，大指要直指本心。荀子則條理多，孟子主以魂言，荀子主以魄言。二者皆未備。〔註90〕

> 荀子言性以魄言之，孟子言性以魂言之，皆不能備。〔註91〕

與一內一外、一仁一禮的思想差異一脈相承，孟子、荀子在人性論上具有明顯分歧：一主性善，一主性惡。側重兩人思想差異的康有為儘管承認這個盡人皆知的事實，然而，他卻沒有對之進行價值上的區分或判斷，而是一視同仁地宣稱二者「皆未備」「皆不能備」。

後來，康有為由斷言人性「未有善惡」轉向推崇董仲舒的人有貪仁之性的

〔註86〕《萬木草堂口說·春秋繁露》，《康有為全集》（第二集）中國人民大學出版社2007年版，第188頁。

〔註87〕《萬木草堂口說·中庸》，《康有為全集》（第二集）中國人民大學出版社2007年版，第166頁。

〔註88〕《萬木草堂口說·荀子》，《康有為全集》（第二集）中國人民大學出版社2007年版，第186頁。

〔註89〕《萬木草堂口說·中庸》，《康有為全集》（第二集）中國人民大學出版社2007年版，第175頁。

〔註90〕《萬木草堂口說·荀子》，《康有為全集》（第二集）中國人民大學出版社2007年版，第184頁。

〔註91〕《萬木草堂口說·荀子》，《康有為全集》（第二集）中國人民大學出版社2007年版，第186頁。

說法。隨之而來的是，他斷言性善、性惡、無善無惡以及有善有惡「皆粗」。

對於人性，康有為解釋說：「性善性惡、無善無惡、有善有惡之說，皆粗。若言天有陰陽之施，身亦兩有貪仁之性，與《白虎通》同，可謂精微之論也。《易·繫辭》：一陰一陽之謂道。繼之者，善也。成之者，性也。言性善者，皆述之。然《易》意陰陽之道，天也，繼以善教也。成其性，人也。止之內，謂之天性，天命之謂性也，率性之謂道，修道之謂教。止之外，謂之人事，事在性外，所謂人之所繼天，而成於外也。」〔註92〕在這裡，康有為不再將性只視為「生之質」，而是看作先天之質與後天之教兩個部分的組合或二者作用的結果，進而肯定人都有「貪仁之性」。從這個意義上說，性惡與性善一樣──「皆粗」。這表明，主張性善的孟子與主張性惡的荀子並無區別，兩人都只說對了一半。

儘管如此，在對人繼天性而來的率性、修道的強調中，康有為呼籲對人性加以後天的教化，並由此而認定性惡，強調主張「矯揉」的荀子與「言勉強」的董仲舒在對人性的看法上勝過了孟子，肯定荀子的人性論與孟子相比「較長」，況且「孟子但見人有惻隱辭讓之心，不知人亦有殘暴爭奪之心也」〔註93〕。由此可見，康有為在這一時期對人性的看法更傾向於荀子的性惡論，並對孟子的性善說含有微詞。正是在這個前提下，康有為曾對孟子、荀子的人性論反覆予以比較，明顯地流露出對荀子的偏坦。於是，康有為一而再、再而三地聲稱：

荀子矯揉，董子言勉強，極是。孟子性善之說未妥。〔註94〕

荀子「性惡」之「惡」，指質樸而言。孟子之言性善未確。〔註95〕

從荀子說，則天下無善人。從孟子說，則天下無惡人。荀子說

似較長。〔註96〕

孟子言性善，擴充不須學問。荀子言性惡，專教人變化氣質，勉

〔註92〕《春秋董氏學》卷六，《康有為全集》（第二集）中國人民大學出版社 2007 年
　　　　版，第 385 頁。
〔註93〕《萬木草堂口說·荀子》，《康有為全集》（第二集）中國人民大學出版社 2007
　　　　年版，第 182～183 頁。
〔註94〕《南海師承記·講格物》，《康有為全集》（第二集）中國人民大學出版社 2007
　　　　年版，第 246 頁。
〔註95〕《康南海先生講學記·古今學術源流》，《康有為全集》（第二集）中國人民大
　　　　學出版社 2007 年版，第 106 頁。
〔註96〕《萬木草堂口說·荀子》，《康有為全集》（第二集）中國人民大學出版社 2007
　　　　年版，第 186 頁。

強學問。論說多勉強學問工夫，天下惟中人多，可知荀學可重。〔註97〕

荀子言性惡，義理未盡，總之，天下人有善有惡，然性惡多而善少，則荀子之言長而孟子短也，然皆有為而言也。〔註98〕

再後來，康有為模糊人性之善惡，折衷無善無惡、性善性惡等各種人性學說。

與前面的善惡分明有所不同，康有為在《孟子微》中一反常態，對前先斥之為「粗」的性無善無惡、性善、性惡以及性三品說都給予了肯定——準確地說，給予了一樣的評價。這用他本人的話說便是：「告子、荀子、董子與孟子，實無絲毫之不合，特辨名有殊，而要歸則一也。」對於這一觀點，康有為反覆論證並解釋說：

告子第一說：性猶杞柳，義猶杯棬。以人性為仁義，猶以杞柳為杯棬。即董子性如繭如卵，卵待復而為雛，繭待繅而為絲，性待教而為善之說。又曰：性比於禾，善比於米。米出禾中，而禾未可全為米也。善生性中，而性未可全為善也。善與米，人之所繼天而成於外，非在天所為之內也。天之所為，有所至而止。止之內，謂之天性，止之外，謂之人事，謂之王教。王教在性外，而性不得不遂。故曰性有善質，而未能為善也。性者，天質之樸也。善者，王教之化也。無其質，則王教不能化。無其王教，則質樸不能善。荀子曰：性者，本始質樸。偽者，文理隆盛。與告子說合。蓋無杞柳之質若水者，則不能為杯棬矣。孟子曰：乃若其情，可以為善，猶乃若杞柳之質，可以為杯棬。然則，告子、荀子、董子與孟子，實無絲毫之不合，特辨名有殊，而要歸則一也。乃若其情，可以為善。即董子所謂「善質」。夫董子曰「善質」，既不能去其善之名，又何爭於孟子哉？〔註99〕

今考之《書》曰：不虞天性。又曰：節性惟日其邁。《詩》曰：俾爾彌爾性。《易》曰：一陰一陽之謂道，繼之者善也，成之者性也。

〔註97〕《萬木草堂口說・荀子》，《康有為全集》（第二集）中國人民大學出版社 2007 年版，第 182 頁。

〔註98〕《萬木草堂口說・荀子》，《康有為全集》（第二集）中國人民大學出版社 2007 年版，第 184 頁。

〔註99〕《孟子微》，《康有為全集》（第五集）中國人民大學出版社 2007 年版，第 430 頁。

　　《中庸》曰：天命之謂性，率性之謂道。又曰：尊德性。夫曰天性、
德性、尊之、率之、彌之，皆就善而言。若非善者，豈可尊之、彌
之、率之？其當節、當修、當繼成之者，以性雖有善質，而非至善，
即荀子之說「性者，本始質樸也。偽者，文理隆盛也」。質樸者，猶
粗惡未精云耳。隆盛者，彌之、節之、率之，加以文明。然則，孟、
荀大概皆同，但標名曰善曰惡。此蓋諸子立義之常，猶云心無二耳，
後人不善體會，遂生訟端。……但孟子之言性善曰，「其情可以為善」，
則仍是性可以為善、可以為不善之說耳，並非上智之由仁義行也。
荀子之本始質樸，但未加文飾耳，亦非下愚之不移也。孟、荀所指，
仍皆順就中人言之也。古今學者之言孟、荀，皆聞其性善性惡而議
之，不細讀此二言而生駁斥，亦可異也。〔註100〕

　　這個解釋與前面的區別，實質並不在於早年偏袒的告子的無善無惡說、董
仲舒的性三品說沒有了明顯的優勢，而是在於各派觀點不再或對或錯，而是
「要歸則一」，具有明顯的折衷色彩。問題的關鍵是，任何折衷都是不能堅持
到底的，康有為對各種人性學說的折衷也概莫能外。正是由於這個原因，他在
肯定孟子與告子、荀子和董仲舒等人的人性思想大同小異的前提下，最終投向
了孟子的性善說：一方面，康有為認為，告子、孟子、荀子和董仲舒儘管立論
的角度或話語結構並不相同，如果從這個角度看，他們「辨名有殊」──或曰
無善惡，或曰性善、性惡；然而，他們肯定人有善質是一致的，從這個角度看，
他們的思想「要歸則一」──都指向了人性之善。另一方面，康有為指出，在
對待人性的問題上，孟子與告子、荀子和董仲舒大不相同，因為孟子講求「率
性而擴充」，其他人卻用「檃栝」加以強制，以期克服惡識。由此看來，孟子
與後者一自主，一強制，彼此之間相去甚遠。

　　康有為坦言，孟子的思想是針對「上根人」的，對於「粗下之人，亂世之
時」不容易做到。在這個前提下，康有為仍然肯定其優於告子、荀子和董仲舒
的人性論。對此，他解釋說：「至王教之化，《大學》所謂『止於至善』。物有
等差，善亦有等差也。孟子以善質為善，亦可行也。杞柳為杯棬之說，孟子亦
不能折之。但在順而擴充，不在逆而戕賊耳。蓋仁義乃人性之固有自然，若從
井救人以為仁，乞醯與人以為義。則戕賊人以為仁義，如印度梵志之捨身苦行，

────────────

〔註100〕　《孟子微》，《康有為全集》（第五集）中國人民大學出版社2007年版，第429
　　　　　～430頁。

是非人道且戕賊人矣。告子之說，在不識仁義，故孟子是以為禍仁義。若其言性，仍非大誤，但譬況不若性禾善米之更精耳。孔子『道不遠人，遠人不可為道』，故孟子之言性，全在率性而擴充之。如火之由一星而燎原，水之由涓滴而江河，此乃孟子獨得之要，而特提妙訣以度天下者，此其所與告子、荀子、董子用隳括克制之道異也。然《論語》曰『克己』，佛氏降伏其心，當據亂世之生人，薰習於累生之惡業惡識，正不能不用之。如孟子以擴充普度，直捷放下，如飛瀑滿流，沖沙徙石，開成江河而達於海，氣勢滔滔浩浩，此仍為上根人語，為太平世說，粗下之人，亂世之時，不易承當耳。然直證直任，可謂無上法門也。」〔註101〕在此，康有為肯定「仁義是人性之固有自然」，對於人性的原則應該是「順而擴充，不在逆而戕賊」。顯而易見，康有為對待人性論的態度與告子、荀子和董仲舒以強制的辦法對待人性南轅北轍，而與孟子順應人性的思路和主旨相合。循著這個思路，康有為稱讚孟子的性善說「直證直任」「直養」，因而「宜其光大」。不言而喻，在這個維度上，康有為對孟子、荀子人性論的態度是力挺孟子而貶低荀子，認為只有孟子的性善說才「獨得之要」，荀子的性惡論則與告子、董仲舒等人的觀點一樣與孟子的性善說「道異」。於是，康有為反覆斷言：

　　　　蓋孟子以人人之性皆有善質，考驗於人皆可得，但當擴充之，而不必矯揉之，故言宜養而無害。又言順杞柳之性，以為杯棬，皆行所無事之義。蓋孟子專主養魂靈，使明德常明，妙圓自在也。無暴其氣，順因其魄，使四體從令，食色不礙，所謂清明在躬，志氣如神，於是闔闢舒卷，無所不可。此孟子之自得，而導人入聖之直路也。如水然，但得有源，則浩浩流去，屈曲以赴，遂成江河於以波瀾灝漫，絕無涯涘矣。若荀子隳括之說，則終日築堤以防漲溢，而河之決堤如故也。故孟子之言性，如禹之治水，專主瀹濟疏排而利導之。荀子之言性，若賈讓、王景之治河，專主築堤而邊民以防捍之。若宋賢之言理性，則本於佛氏絕欲之說，並不留賈讓之遊堤以留餘地，於是河日漲而堤日高，甚至水底高於平地，而河決無日矣。此亦孟子之惡智者也。〔註102〕

〔註101〕《孟子微》，《康有為全集》（第五集）中國人民大學出版社 2007 年版，第 430～431 頁。

〔註102〕《孟子微》，《康有為全集》（第五集）中國人民大學出版社 2007 年版，第 433 頁。

孟子以擴充性善為學，荀子以文飾質樸為學，道各不同。孟子
主直養，故本原深厚，氣力完實，光焰飛揚，宜其光大也。〔註103〕

　　基於上述認識，康有為強調荀子的性惡論與孟子的性善說不是「要則歸一」，而是具有本質區別。按照康有為的說法，荀子為了反對孟子的性善說作《性惡》篇，並在文中提出人性惡的觀點。荀子的這個觀點本身就是錯誤的，因為斷言性惡就是「以為人生皆得惡性」，「人幼小無有善也」，稷和孔子的存在本身就以事實雄辯地反駁了荀子的這一觀點。正是在這個意義上，康有為寫道：「孫卿（即荀子──引者注）有反孟子，作《性惡》之篇，以為人性惡，其善者偽也。性惡者，以為人生皆得惡性也。偽者，長大之後勉使為善也。若孫卿之言，人幼小無有善也。稷為兒，以種樹為戲。孔子能行，以俎豆為弄。石生而堅，蘭生而香。稟善氣，長大成就，故種樹之戲，為唐司馬。俎豆之弄，為周聖師。稟蘭石之性，故有堅香之驗。夫孫卿之言，未為得實。」〔註104〕

　　最後，康有為放棄先前的各種人性論學說，轉而篤信孟子的性善說。

　　必須提及的是，在推崇董仲舒的人性論之時，康有為曾經對孟子的性善說表示過擔憂。對此，他在寫給朱蓉生的回信中坦言：「董子為嫡傳孔門之學，其論性之精，得自孔子。……且如用孟子之說，世有所裨，張荀子之言，人受其害，則道以救民為歸，荀子之研理雖精，且僕或不惜曲說以就孟子；然正惟從孟子之說，恐人皆任性，從荀子之說，則人皆向學，故僕愈不敢於儒先有所偏袒矣。」〔註105〕儘管康有為承認荀子比孟子研理更精，並且對孟子的性善說有過種種猶豫，然而，他最終還是冒著「人皆任性」的風險，在「愈不敢於儒先有所偏袒」下偏袒了孟子。深入剖析不難發現，康有為之所以作如是選擇，除了孟子的人性論注重內發、直任之外，還有更為重要的原因，那就是：正名。在折衷無善無惡、性善性惡之時，康有為強調在判斷人性善惡之前必須先正名，也就是先要匡定性善的含義。對此，康有為宣稱：「董子固主性善者，然董子以為善質不能謂之善，必至善乃可謂善，此乃泥其名耳。《春秋繁露·深察名號篇》：或曰：性有善端，心有善質，尚安非善？應之曰：非也。繭有絲

〔註103〕　《孟子微》，《康有為全集》（第五集）中國人民大學出版社 2007 年版，第 483
　　　　　頁。
〔註104〕　《孟子微》，《康有為全集》（第五集）中國人民大學出版社 2007 年版，第 428
　　　　　～429 頁。
〔註105〕　《答朱蓉生先生書》，《康有為全集》（第一集）中國人民大學出版社 2007 年
　　　　　版，第 330 頁。

而繭非絲也，卵有雛而卵非雛也。比類率然，有何疑焉？天生民有六經，言性者不當異。然其或曰性也善，或曰性未善，則所謂善者各異意也。性有善端，動之愛父母，善於禽獸，則謂之善，此孟子之言。循三綱五紀，通八端之理，忠信而博愛，敦厚而好禮，乃可謂善，此聖人之善也。是故孔子曰：善人吾不得而見之，得見有恆者斯可矣！由是觀之，聖人之所謂善，亦未易當也，非善於禽獸則謂之善也。使動其端善於禽獸則謂之善，善奚為弗見也？夫善於禽獸之未得為善也，猶知於草木而不得名知，於萬民之性善於禽獸而不得名善。……質於禽獸之性，則萬民之性善矣。質於人道之善，則民性弗及也。萬民之性善於禽獸者，許之。聖人之所謂善者，勿許。吾質於命性者，異孟子。孟子下質於禽獸之所為，故曰性已善。吾上質於聖人之所為善，故謂性未善。善過性，聖人過善。春秋大元，故謹於正名。名非所始，如之何謂未善已善也。孔子曰：名不正則言不順。今謂性已善，不幾於無教而如其自然，又不順於為政之道矣。且名者性之實，實者性之質，質無教之時，何遽能善？善如米，性如禾。禾雖出米，而禾未可謂米也。性雖出善，而性未可謂善也。米與善，人之繼天而成於外也，非在天所為之內也。天所為，有所至而止。止之內謂之天，止之外謂之王教。王教在性外，而性不得不遂，故曰性有善質，而未能為善也。豈敢美辭，其實然也。天之所為，止於繭麻與禾。以麻為布，以繭為絲，以米為飯，以性為善，此皆聖人所繼天而進也，非情性質樸之能至也，故不可謂性。正朝夕者視北辰，正嫌疑者視聖人，聖人之所名，天下以為正。今按聖人之言中，本無性善名，而有善人吾不得見之矣。使萬民之性皆已能善，善人者何為不見也？觀孔子言此之意，以為善難當甚，而孟子以為萬民性皆能當，過矣。聖人之性不可以名性，斗筲之性又不可以名性，名性，中民之性。中民之性如繭如卵，卵待復二十日而後能為雛，繭待繰以涫湯而後能為絲，性待漸於教訓而後能為善。善，教誨之所然也，非質樸之所能致也，故不謂性。性者，宜知名矣，無所待而起，生而所自有也。善而所自有，則教誨已非性也。是以米出於粟，而粟不可謂米。玉出於璞，而璞不可謂玉。善出於性，而性不可謂善。其比多在物者為然，在性者以為不然，何不通於類也？卵之性未能作雛也，繭之性未能作絲也，麻之性未能為縷也，粟之性未能為米也。《春秋》別物之理以正其名，名物必各因其真。真其義也，真其情也，乃以為名。名殞石則後其五，退飛則先其六，此皆其真也。聖人於言無所苟而已矣。性者，天質之樸也。善者，王教之化也。無其質，則王教不能化。無其王教，則質樸不能善。質而

不以善性，其名不正，故不受也。董子之正名固是。」〔註106〕

由此可見，在必須先匡定善的內涵，然後再對人性進行善惡判斷的問題上，康有為贊同董仲舒的正名主張，同意在匡定性之概念的基礎上進一步探究性之本質。儘管如此，康有為只是肯定董仲舒呼籲在正名的前提下匡定人性善惡的方向是對的，並不認同董仲舒對待人性的具體做法。對於個中原因，康有為作出了如是解釋：「董子之正名固是，但善亦有等，至善可名為善，則善質亦可名為善，但有精粗之分，而可名為善則一也。……董仲舒覽孫、孟之書，作情性之說曰：天之大經，一陰一陽。人之大經，一情一性。性生於陽，情生於陰，陰氣鄙，陽氣仁。曰性善者，是見其陽也。謂惡者，是見其陰者也。若仲舒之言，謂孟子見其陽，孫卿見其陰也。處二家各有見，可也。不處人情性，情性有善有惡，未也。夫人性情同生於陰陽，其生於陰陽，有渥有泊。玉生於石，有純有駁，情性於陰陽，安能純善？仲舒之言，未能得實。……實者人性有善有惡，猶人才有高有下也。高不可下，下不可高。謂性無善惡，是謂人才無高下也。稟性受命，同一實也。故命有貴賤，性有善惡。謂性無善惡，是謂人命無貴賤也。九州田土之性，善惡不均，故有黃赤黑之別，上中下之差。水潦不同，故有清濁之流，東西南北之趨。人稟天地之性，懷五常之氣，或仁或義，性術乖也。動作趨翔，或重或輕，性識詭也。面色或白或黑，身形或長或短，至老極死不可變易，天性然也。余固以孟軻言人性善者，有中人以上者也。孫卿言人性惡者，中人以下者也。楊雄言人性善惡混者，中人也。若反經合道，則可以為教，盡性之理，則未也。」〔註107〕依據康有為的這個解釋，善有等差，不可一概而論。正是善的等差表明了孟子的性善說與荀子的性惡論相去甚遠。通過他的比較，孟子、荀子人性論的優劣昭然若揭，康有為傾向孟子的性善說勢在必然。

可以看到，在轉向孟子的性善說之後，康有為對孟子的「人皆有不忍人之心」的性善說頂禮膜拜，對其予以發揮便成為《孟子微》的主要內容之一。事實上，《孟子微》中「光大」孟子性善說的句子俯拾即是，下面這段話則最為經典：「不忍人之心，仁也，電也，以太也，人人皆有之，……為萬化之海，為一切根，為一切源。一核而成參天之樹，一滴而成大海之水。人道之仁愛，

〔註106〕 《孟子微》，《康有為全集》（第五集）中國人民大學出版社2007年版，第427～428頁。

〔註107〕 《孟子微》，《康有為全集》（第五集）中國人民大學出版社2007年版，第428～429頁。

人道之文明，人道之進化，至於太平大同，皆從此出。孟子直指出聖人用心，為儒家治教之本，霹靂震雷，大聲抉發，學者宜體驗而擴充矣。」〔註108〕

　　前面提到，在折衷各種人性觀點時，康有為已經流露出對孟子性善說的好感。儘管如此，康有為那時對孟子的偏袒是需要理由的，故而必須拿孟子的性善說與告子、荀子和董仲舒等人的思想反覆予以比較。與此前的情形不可同日而語，康有為在篤信孟子的性善說時，推崇孟子不再需要理由，孟子所講的性善理所當然，成為公理；孟子所講的不忍人之心理所當然地成為性善的內容。在轉向人性善之後，康有為力圖利用古今中外的各種思想對孟子的性善說進行闡發，其中最有代表性的便是將不忍人之心與源自西方近代自然科學的概念——以太、電和力等相提並論，以人性善與天賦人權論相互印證，進而伸張人之自主、平等權利的與生俱來。於是，他不止一次地宣稱：

　　　　其歐人所謂以太耶？其古所謂不忍之心耶？〔註109〕

　　　　人人有是四端，故人人可平等自立。〔註110〕

　　在此基礎上，康有為一面奉作為性善內容的仁、不忍人之心為宇宙本原，一面宣稱仁、不忍人之心的基本內涵是源自西方近代的博愛、自主和平等。經過如此論證，博愛、自主和平等代表的近代價值理念成為仁以及性善說的基本內容，在康有為的思想中發揮著重要作用。

　　由上可見，康有為對人性問題的關注和看法始終圍繞著孟子的性善說和荀子的性惡論展開。正因為如此，人性問題成為理解康有為視界中的孟子與荀子關係的重要依據。由此，可以得出如下結論：第一，人性善惡是康有為對孟子、荀子思想進行比較的基本內容之一。他關於這方面的論述最多，時而直接將孟子、荀子對舉，或共褒共貶，或一褒一貶；時而讓告子、董仲舒、劉向以及《白虎通》參與其中加大陣營，或側重孟子、荀子之同，將兩人歸入同一陣營，或側重孟子、荀子之異，將兩人分為不同陣營。這些都豐富了比較的角度和內容。第二，康有為對孟子、荀子人性論比較的時間延續最長，不僅限於早期，而且延續、擴展到了中期。第三，與延續時間長密切相關，伴隨著思想的不斷變化，康有為對孟子、荀子人性論的評價變化最大，生動地再現了康有為

〔註108〕《孟子微》，《康有為全集》（第五集）中國人民大學出版社 2007 年版，第 414 頁。
〔註109〕《大同書》中州古籍出版社 1998 年版，第 34 頁。
〔註110〕《孟子微》，《康有為全集》（第五集）中國人民大學出版社 2007 年版，第 414 頁。

思想轉變的心路歷程。第四，孟子、荀子對人性的不同看法在某種程度上決定了康有為對兩人思想的最終取捨。繼康有為之後，人性論成為近代哲學家對孟子與荀子進行比較的核心話題。在這方面，章炳麟的思想便是明證。

第四節　比較的維度和意義

康有為對孟子、荀子的比較是近代哲學史上最早的，也是最全面的。因此，他的比較無論對於孟子、荀子兩人的命運，對於康有為本人還是對於中國近代思想都具有不容忽視的重要意義。

首先，康有為視界中的孟子、荀子的地位和命運取決於兩人思想的差異，這一切都源於康有為對孟子、荀子的比較，歸根結底與兩人的思想密不可分。按照康有為的說法，孟子的思想以仁為主，是大同之制；荀子的思想以禮為主，是小康之制。這些基於經典文本的差異性注定了康有為對兩人的不同態度和取捨。

綜合考察康有為的思想可以發現，他對荀子的高度評價和推崇只限於早期思想，對孟子的推崇卻是貫穿始終的：如果說萬木草堂時期的康有為尚孟子與荀子並提、將兩人並尊為孔門「二伯」的話，那麼，《新學偽經考》的敵人是劉歆，《春秋筆削大義微言考》（又名《春秋筆削微言大義考》）《孟子微》則是排斥荀子的；與對待荀子的態度截然不同，無論在哪個時期，康有為對孟子的崇尚都是有目共睹的，並且不放過任何機會來提升孟子的地位。與此相一致，他對孟子思想的闡釋也遠遠多於荀子。其實，即使是在早期，康有為在思想主旨上也更傾向於孟子而不是荀子。

其次，就比較方式或評價來說，康有為並非站在中立的立場對待孟子與荀子，而是始終偏袒孟子。

就比較的領域和範圍而言，康有為對孟子、荀子的比較並非限於經典文本、學術譜系、傳承方式與思想內容四個方面，而是具有更為多變的視角和更為寬闊的領域。這包括對兩人文風的比較以及對《孟子》《荀子》文本的比較。例如，康有為一而再、再而三地斷言：

> 孟子跳蕩，荀子樸實。孟子筆虛，荀子筆實。〔註111〕

〔註111〕《萬木草堂口說·荀子》，《康有為全集》（第二集）中國人民大學出版社 2007年版，第 184 頁。

孟子高流，荀子正宗。〔註112〕

　　《荀子》文佳於《孟子》，《孟子》天分高，《荀子》工夫深。
〔註113〕

　　如果說上述議論從多個角度共同展示了康有為對孟子、荀子思想的比較主要側重差異的話，那麼，與這一視角有別，康有為下面的比較內容同樣是《孟子》《荀子》的話語結構和兩人的思想，卻側重孟子、荀子思想的相同性：

　　孟子、荀子、管子皆以心物對舉，可知物指外物。〔註114〕

　　《孟》、《荀》高出《禮記》之上。〔註115〕

　　至此為止，無論側重孟子與荀子思想之異還是兩人思想之同，康有為都沒有從價值上對孟子、荀子的思想進行褒貶或取捨。在上述議論中，他對孟子、荀子的贊許同時發出，對兩人的批評也同時發出。不論視角的多元還是立場的變化都使康有為對孟子、荀子的比較富於變化，比較的多角度在某種程度上決定了比較結論的多樣性，康有為對荀子前後迥異的態度更增加了比較結論的多樣性和多變性。因此，這種對孟子和荀子的思想「各打五十大板」只能是暫時情況，也是少數現象。

　　事實上，康有為對孟子、荀子的比較是有固定的比較維度和標準的，這便是一以貫之的孔教立場和宗旨。正因為如此，就整體評價和價值旨趣而言，康有為對孟子的推崇是荀子無可比擬的。這一點通過他對孟子、荀子的比較表現出來，或者說，通過比較突出兩人思想的差異，進而尊孟抑荀是康有為對孟子、荀子進行比較的目的之一。受制於此，就評價的標準來說，康有為對孟子、荀子的比較和取捨始終圍繞著他本人的孔教觀展開，對兩人的態度和取捨歸根結底取決於孔教觀；確切地說，取決於他對孔教內涵的理解和界定。雖然康有為對孔子的推崇和對孔教的弘揚矢志不渝，但是，他對孔教內容的理解卻發生著變化。這決定了康有為對先秦諸子的定位和評價隨著孔教內涵的變化前後

〔註112〕　《萬木草堂口說·荀子》，《康有為全集》（第二集）中國人民大學出版社 2007
　　　　　年版，第 183 頁。

〔註113〕　《萬木草堂口說·荀子》，《康有為全集》（第二集）中國人民大學出版社 2007
　　　　　年版，第 183 頁。

〔註114〕　《南海師承記·講格物》，《康有為全集》（第二集）中國人民大學出版社 2007
　　　　　年版，第 246 頁。

〔註115〕　《萬木草堂口說·孔子改制》，《康有為全集》（第二集）中國人民大學出版社
　　　　　2007 年版，第 148 頁。

之間相去甚遠。事實上，他對孟子、荀子的態度和評價也是如此，只不過是由於康有為對孟子始終倍加推崇，對荀子卻先揚後抑，致使他對孟子、荀子的評價呈現出一定的張力而已。

　　與獨特的孔教立場和視角密不可分，無論對孟子、荀子思想的比較還是對兩人的態度都注定了康有為思想的獨特性，從而在思想旨趣和取捨態度上與其他近代哲學家迥異其趣：一方面，康有為對孟子、荀子的比較引起了章炳麟等人的學術興趣，致使孟子與荀子的關係成為章炳麟國學思想的主要話題之一。另一方面，相比較而言，康有為對孟子、荀子關係的審視是全方位的，無論經典文本、學術譜系、傳承方式還是具體內容均以差異為主。與康有為不同，章炳麟的孟子、荀子比較範圍相對較窄，比較的重心始終側重人性論。更為明顯的區別是，章炳麟對孟子、荀子的比較結論兼顧異同，而不像康有為那樣側重異。

　　進而言之，康有為的孟子、荀子比較以差異為主是為了突出兩人同出一源卻分流而致，既是孔子後學，又傳承了孔子的不同思想。因此，孟子與荀子的思想和地位具有高級與低級、嫡傳與別派之分。正如彰顯孟子、荀子的思想差異一樣，康有為對待兩人的態度迥然相異，這種不同態度與他的孔教觀相互印證。與康有為不同，章炳麟儘管早年推崇荀子（孫卿），然而，他並沒有因此而貶低孟子，對孟子、荀子的態度、評價始終是不相上下。在這方面，最明顯的證據是，章炳麟對孟子、荀子一性善、一性惡的人性論不是一褒一貶，而是兼有肯定和批評。

　　再次，就比較的意義或價值來說，康有為對孟子、荀子的比較推動了近代哲學家對兩人的深入研究。

　　或許康有為本人也沒有預料到，他的孟子、荀子比較成為具有劃時代意義的事件。誠然，從理論初衷上看，康有為反覆對孟子、荀子進行比較是為了通過凸顯兩人思想的差異，在此基礎上進一步澄清孔教的內涵，維護孔教的正統。從客觀後果上看，他的做法開闢了近代哲學的致思方向，成為劃分中國近代學術思想史的階段性標識。梁啟超對清代學術歷程的歸納發人深省，有助於理解康有為的孟子、荀子比較在中國近代思想史、文化史上的重要意義。現摘錄如下：

　　　　通二百六十年間觀察之，有不可思議之一理趣出焉，非人力所
　　　能為也。順治、康熙間，承前明之遺，夏峰、梨洲、二曲諸賢，尚以

王學教後輩，門生弟子遍天下，則明學實占學界第一之位置。然晚明偽王學猖狂之習，已為社會所厭倦，雖極力提倡，終不可以久存，故康熙中葉遂絕跡。時則考據家言，雖始萌芽，顧未能盛。而時主所好尚，學子所崇拜者，皆言程、朱學者流也，則宋學占學界上第一之位置。顧亭林日勸學者讀注疏，為漢學之先河。其時學者漸厭宋學之空疏武斷，而未能悉折衷於遠古，於是借陸德明、孔沖遠為嚮導，故六朝、三唐學實占學界上第一之位置。惠、戴學行，謂漢儒去古最近，適於為聖言通鞮象，一時靡其風，家稱賈、馬，人說許、鄭，則東漢學占學界上第一之位置。莊、劉別興，魏、邵繼踵，謂晚出學說非真，而必溯源於西京博士之所傳，於是標今文以自別於古，與乾、嘉極盛之學派挑戰。抑不徒今文家然也，陳碩甫作《詩疏》，亦申毛黜鄭，同為古學，而必右遠古，鄭學日見掊擊。而治文字者，亦往往據鼎彝遺文以糾叔重，則西漢學占學界第一之位置。乾、嘉以還，學者多讎正先秦古籍，漸可得讀。二十年來，南海言孔子改制創新教，且言周秦諸子皆改制創新教，(見南海所著《孔子改制考》卷二、卷三。)於是於孔教宗門以內，有游、夏、孟、荀異同優劣之比較。……

第一期	第二期	第三期	第四期
順康間	雍乾嘉間	道咸同間	光緒間
程朱陸王問題	漢宋問題	今古文問題	孟荀問題 孔老墨問題〔註116〕

　　在這裡，梁啟超將清代學術思想的演變軌跡劃分為四個階段（「期」），強調這四個階段具有不同的學術特點和中心話題：第一階段熱衷於程朱與陸王問題，第二階段熱衷於漢學與宋學問題，第三階段熱衷於今文經（學）與古文經（學）之爭，第四階段熱衷於孟子與荀子、孔子與老子、墨子問題。可以看到，其中的第三、第四階段在時間上與鴉片戰爭相對接，這一階段是中國古代哲學向近代轉型的時期。依據梁啟超的這個歸納和說法，康有為引領了第三和第四期的學術轉型，也就是開啟了中國近代哲學的核心話題和致思方向。康有為是近代今文經大家，對今文經的崇尚和對古文經的拒斥成為第三期今古文

〔註116〕《論中國學術思想變遷之大勢》，《梁啟超全集》（第二冊）北京出版社1999年版，第617～618頁。

之爭的主要人物。至於第四期的孟子、荀子比較和老子、孔子、墨子比較是由
康有為揭櫫的，梁啟超在講這一時期時就是以康有為作為劃分標準對清代學
術進行梳理的。這從一個側面證明了康有為孟子、荀子比較的重要性遠遠超過
了他的預期和孔教範圍，具有學術史的意義。

　　如果說側重孟子、荀子比較是康有為的專長而無人能及的話，那麼，梁啟
超則習慣於老子、孔子和墨子「三聖」並提。並且，康有為在不厭其煩地對孟
子、荀子予以比較的同時，對老子、墨子的比較可謂連篇累牘。康有為的老子、
墨子比較的重點之一——或者說座標便是兩人與孔子的關係。從這個意義上
說，孔子、老子、墨子三人之間的關係以及思想異同也是康有為思想的重心之
一。與康有為極力推崇孔子，將老子、墨子歸為孔子門下不同，梁啟超堅稱老
子、孔子和墨子皆是聖人，對中國文化都具有不可抹殺和不可替代的作用，因
而將三人並稱為中國文化的「三聖」或「三位大聖」。儘管在老子、孔子和墨
子三人的關係上與康有為的看法不同，梁啟超卻對康有為的致思方向給予了
高度評價，肯定康有為的孟子、荀子比較和老子、孔子、墨子比較開啟了中國
近代的學術風尚，同時揭示了康有為對孟子、荀子以及對老子、孔子和墨子反
覆予以比較的初衷。對此，他寫道：「南海尊《禮運》『大同』義，謂傳自子游，
其衍為子思、孟子。《荀子・非十二子》篇，其非思、孟言曰：『以為仲尼、子
游，為茲厚於後世。』是其證也。子夏傳經，其與荀卿之淵源，見於《漢書・
藝文志》。故南海謂子游受微言以傳諸孟子，子夏受大義以傳諸荀子：微言為
太平世大同教，大義為升平世小康教。因此導入政治問題，美孟而劇荀，發明
當由專制進為立憲、共和之理。其言有倫脊，先排古文以追孔子之大義，次排
荀學以追孔子之微言。……南海則有所為而排之，以求達一高尚之目的也。謗
者或以為是康教非孔教，顧《禮運》、《孟子》、《公羊傳》之言不可得削也。就
令非孔教而為康所託，其託之也，則亦於社會上有絕大關係明矣。……或又曰：
南海欲言則自言之耳，何必託於孔子？夫南海之於孔子，固心悅誠服者。謂彼
為託，彼不任受也。抑亦思今日國中，聞立憲、共和之論而卻走者，尚占大多
數；二十年前，不引徵先聖最有力之學說以為奧援，安能樹一壁壘，與二千年
之勁敵抗耶？」〔註117〕在這裡，梁啟超不僅道出了康有為以孔教為奧援的苦
衷，而且揭示了康有為託孔教言「康教」的用心；而這一切則是通過對孟子、

〔註117〕《論中國學術思想變遷之大勢》，《梁啟超全集》（第二冊）北京出版社 1999
　　　　年版，第 617～618 頁。

荀子的比較，進而「美孟而劇荀」達到的。梁啟超的說法揭示了康有為推崇孔教的政治原因，也印證了康有為的孟子、荀子比較以孔教為標準，與現實的政治鬥爭息息相關。

第十章 康有為對朱熹與陸九淵的 比較

在戊戌變法之前的十多年間，康有為在致力於著述的同時，收徒講學。據梁啟超披露，康有為「乃盡出其所學，教授弟子。以孔學、佛學、宋明學為體，以史學、西學為用」[註1]。據此可知，孔學、佛學和「宋明學」是康有為教授弟子的主要內容。在講「宋明學」時，康有為講到了朱熹和陸九淵以及朱陸之爭，並對兩人的思想予以比較。康有為對朱熹與陸九淵的比較和評價秉持一貫的孔教立場，奠基於對宋明理學的整體審視之上。正是由於這個原因，康有為視界中的朱熹與陸九淵既呈現出康有為與同時代其他近代哲學家迥異其趣的朱陸觀，又提供了解讀朱陸關係的另一種樣式。

第一節 思想淵源和傳承譜系

康有為對朱熹、陸九淵的比較與對兩人的審視息息相關，那就是：關注朱熹、陸九淵的傳承譜系。在追隨、揭示兩人思想淵源的過程中，康有為在極力拉近朱熹與荀子關係的同時，凸顯陸九淵對孟子思想的傳承。

一、朱熹的諸多傳承譜系

康有為對朱熹的思想淵源十分關注，不厭其煩地從不同角度為朱熹勾勒

〔註1〕《南海康先生傳》，《梁啟超全集》（第一冊）北京出版社 1999 年版，第 483 頁。

出多重傳承譜系。下僅舉其一斑：

　　曾子甚能窮理，朱子似之。〔註2〕

　　《論語》皆曾子門人所傳，朱子聰明，出曾子外，而學問不能出曾子外，則《論語》限之也。〔註3〕

　　程子謂：學至變化氣質，方為有功。朱子與荀子近。〔註4〕

　　朱子之學得自程子，程子之學得自周子。〔註5〕

　　朱子待程子始集大成。〔註6〕

　　程子一傳羅仲素，再傳李延平，三傳朱子。〔註7〕

　　張子、程子說理皆從高大落想。荀子言性惡，氣質之性也。程子言學至變化氣質方是有功。張子言形而有氣質之性善。反之，則天地之性存焉。既要變化善反，非性惡而何？宋儒竊荀子而反攻荀子，不細心讀書故也。朱子謂氣節之說起於張、程，極有功於聖門，有補於後學，而不知荀子已先言之也。〔註8〕

　　上述這些議論是康有為講學過程中在不同場合、講述不同問題時有感而發的，原本並非出於對朱熹思想淵源的集中追溯或勾勒，故而顯得凌亂和枝蔓。稍加梳理可以得出三個初步認識：第一，康有為留意不同時期的眾多人物與朱熹思想的淵源關係，從先秦時期的曾子、荀子到北宋時期的周敦頤、張載、二程和北宋末年的羅從彥再到南宋時期的李侗等等皆被納入其中。至此，康有為為朱熹尋找到了多重學術源頭，也相應地對朱學勾勒出相對完整的傳承譜

〔註2〕《南海師承記‧講宋元學派》，《康有為全集》（第二集）中國人民大學出版社2007年版，第255頁。

〔註3〕《南海師承記‧講明儒學案及國朝學案》，《康有為全集》（第二集）中國人民大學出版社2007年版，第256頁。

〔註4〕《南海師承記‧講變化氣質檢攝威儀》，《康有為全集》（第二集）中國人民大學出版社2007年版，第248頁。

〔註5〕《南海師承記‧續講正蒙及通書》，《康有為全集》（第二集）中國人民大學出版社2007年版，第234頁。

〔註6〕《南海師承記‧講宋學》，《康有為全集》（第二集）中國人民大學出版社2007年版，第253頁。

〔註7〕《南海師承記‧講宋學》，《康有為全集》（第二集）中國人民大學出版社2007年版，第253頁。

〔註8〕《南海師承記‧講正蒙》，《康有為全集》（第二集）中國人民大學出版社2007年版，第232頁。

系。這從一個側面表明了康有為對朱熹的提及之多、關注之詳。例如，在肯定朱熹傳二程之學的前提下，康有為進一步突出小程（程頤）對朱熹的決定影響。第二，就先秦而言，尤其是在突出朱熹思想特點時，康有為極力彰顯荀子對朱熹的影響。第三，在康有為看來，源頭的豐富繁多注定了朱熹思想的兼容並蓄，眾多的源頭活水是成就朱熹之學博大精深的理論前提。

　　總之，就思想淵源和傳承譜系來說，康有為為朱熹找到的淵源人物之多，傳承時間之長遠遠超過他提到的包括陸九淵在內的其他國學人物。這是康有為對朱熹的格外關照，也奠定了他詮釋朱熹思想的大方向。

二、陸九淵的傳承譜系

　　康有為對陸九淵傳承譜系的揭示相對於朱熹而言顯得單薄而單一，因為他由始至終都只關注陸九淵與孟子之間的傳承關係。依據康有為的說法，陸九淵承襲了孟子的衣鉢，陸學屬於孟學的傳承譜系。對此，他連篇累牘地宣稱：

　　　　陸子頗有孟子之學。〔註9〕

　　　　孟子之學，其後開陸、王二派。〔註10〕

　　　　孟子之學，心學也。宋儒陸象山與明儒王陽明之學，皆出自孟子。〔註11〕

　　在康有為那裏，陸九淵的思想源於孟子，孟子是陸九淵思想最主要的來源乃至唯一的理論來源。這個判斷意味著康有為是沿著闡發孟子的思路來審視和評價陸九淵的思想的，也意味著康有為視界中的陸學帶有兩個與生俱來的孟學印記：第一，陸學是心學。康有為申明：「孟子，傳孔子心學者也。荀子，傳孔子禮學者也。」〔註12〕既然孟子傳孔子心學，陸學從孟子處得來，那麼，便可以推出由傳承孔子心學而來的孟子開出的陸學屬於心學。事實正是如此，康有為一而再、再而三地強調：

〔註9〕　《南海師承記‧講宋元學派》，《康有為全集》（第二集）中國人民大學出版社
　　　　2007 年版，第 255 頁。
〔註10〕　《康南海先生講學記‧儒家》，《康有為全集》（第二集）中國人民大學出版社
　　　　2007 年版，第 116 頁。
〔註11〕　《康南海先生講學記‧古今學術源流》，《康有為全集》（第二集），中國人民大
　　　　學出版社 2007 年版，第 112 頁。
〔註12〕　《康南海先生講學記‧古今學術源流》，《康有為全集》（第二集），中國人民大
　　　　學出版社 2007 年版，第 112 頁。

陸子靜專講心學，得孟子之傳。〔註13〕

陸子靜直指本心。〔註14〕

陸象山直指本心。〔註15〕

問題到此並沒有結束，正是沿著心學的思路，康有為將陸九淵的思想與以禪宗為代表的佛學聯繫起來，並且發出了如下斷言：

佛氏養心之學，與儒幾難分別。陸子靜教學者，專講收斂精神，朱子所攻在此。〔註16〕

象山為荊門州，有到城門告狀者，而象山先知，所謂至誠之道可以前知，惟靜故也。〔註17〕

對於康有為來說，上述議論不僅是對陸九淵思想的理論來源和意蘊內涵的概括，而且包含著陸九淵與朱熹思想的差異。在這方面，除了「朱子所攻在此」議論中提到的朱熹對陸九淵入禪的譏諷之外，還包括朱熹對陸九淵反對讀書看法的批評等等。第二，陸學不講變化氣質。按照康有為的說法，傳承孟子心學的陸學帶有孟學的遺傳基因，具有與孟學相同的好惡，不講變化氣質即是一例。正是在這個意義上，康有為評價說：「孟子不甚講禮，不甚講變化氣質，專說擴充，專言心學，細針密縷，工夫尚少，與陸子相近。故陸子弟子某云：今日聞道，明日便飲酒罵人。不講變化氣質之故。惟孔子則以中和耳。」〔註18〕

三、不同傳承譜系視域下的朱熹與陸九淵

透過康有為對朱熹、陸九淵思想淵源的不同追溯和比較可以得出兩個結論：第一，朱熹的思想源頭豐富繁多，陸九淵的理論來源相對單一。這預示了

〔註13〕《萬木草堂口說·學術源流》，《康有為全集》（第二集）中國人民大學出版社2007年版，第139頁。

〔註14〕《萬木草堂講義·七月初三夜講源流》，《康有為全集》（第二集）中國人民大學出版社2007年版，第288頁。

〔註15〕《萬木草堂講義·七月初三夜講源流》，《康有為全集》（第二集）中國人民大學出版社2007年版，第279頁。

〔註16〕《康南海先生講學記·古今學術源流》，《康有為全集》（第二集）中國人民大學出版社2007年版，第111頁。

〔註17〕《南海師承記·講主靜出倪養心不動》，《康有為全集》（第二集）中國人民大學出版社2007年版，第248頁。

〔註18〕《南海師承記·講變化氣質檢攝威儀》，《康有為全集》（第二集）中國人民大學出版社2007年版，第248頁。

朱熹之學的博大精深，以至於使康有為的下面這個評價變得不言而喻：「孔子後所謂博大精深者，惟朱子當之。」〔註19〕第二，朱熹、陸九淵的學術淵源涇渭分明，不惟在理論來源上沒有交集，並且導致兩人思想的諸多差異。康有為對朱熹與眾多人物思想傳承的彰顯涉及到朱熹思想的諸多內容。對此，源於荀子、二程和張載的變化氣質，源於周敦頤的「無極而太極」以及對敬的推崇等等都是明證。這些不僅呈現出朱熹與陸九淵思想的差異，而且成為兩人爭辯的焦點。分別作為朱熹、陸九淵思想來源的荀子與孟子不僅思想差異巨大，而且始終處於爭教之中。

對於康有為來說，朱陸關係是孟荀關係的延伸，朱熹是荀子後學，陸九淵則是孟子後學。康有為認定孟子與荀子的思想分別代表孔學的兩大派，二者之間具有高下之分：孟子傳孔子之仁和大同之學，屬於公羊學的傳承譜系；荀子傳孔子之禮和小康之學，屬於穀梁學的傳承譜系。在這個維度上，朱熹、陸九淵分別傳承孟學、荀學不僅表明了朱學與陸學擁有不同的傳承譜系，而且預示了分別作為荀子、孟子後學的朱熹與陸九淵思想的勢不兩立。在這方面，康有為將陸九淵與朱熹相對舉，並且循著他所揭示的孟荀關係對朱熹與陸九淵的思想予以梳理，進而對兩人關係以及朱陸之爭進行審視和評價〔註20〕。

當然，具體到思想來源上，正如突出陸九淵與孟子思想的淵源關係一樣，康有為反覆聲稱朱熹的思想脫胎於荀子，也使朱熹思想成為宋明理學「不出於荀學之一小支」〔註21〕的主要證據。正是在這個意義上，康有為反覆斷言：

　　　　孔子之後，荀、孟甚似陸、朱。荀子似朱子，孟子似陸子。〔註22〕

　　　　孟子，公羊之學。荀子，穀梁之學。孟子高明，直指本心，是

　　尊德性，陸、王近之。荀子沉潛，道問學，朱子近之。〔註23〕

〔註19〕《南海師承記‧講宋元學派》，《康有為全集》（第二集）中國人民大學出版社
　　　　2007 年版，第 255 頁。
〔註20〕詳見拙文《康有為關於孟子與荀子思想的比較及其意義》，《理論探索》2015 年
　　　　第 1 期，第 30～34 頁；《孟荀在康有為視界中的不同命運及原因》，《河北師
　　　　範大學學報》2015 年第 2 期，第 35～41 頁。
〔註21〕這是梁啟超對康有為思想的介紹和概括，語出《南海康先生傳》，詳見《梁啟
　　　　超全集》（第一冊）北京出版社 1999 年版，第 487 頁。
〔註22〕《萬木草堂口說‧學術源流》，《康有為全集》（第二集）中國人民大學出版社
　　　　2007 年版，第 139 頁。
〔註23〕《萬木草堂口說‧學術源流》，《康有為全集》（第二集）中國人民大學出版社
　　　　2007 年版，第 135 頁。

由此不難想像，康有為對朱熹與陸九淵關係的認識和態度取決於對孟子、荀子關係的認識以及對兩人的態度評價和變化；不瞭解康有為視界中的孟荀關係和態度變化，也就無法從根本上理解他對朱陸關係的認識、對朱陸之爭的評價以及對朱熹、陸九淵的態度變化。

第二節　學術地位和思想異同

在追溯朱熹、陸九淵理論淵源的基礎上，康有為進一步探究兩人的學術地位和思想異同。對於康有為視界中的朱熹、陸九淵而言，學術淵源和傳承譜系預示了兩人思想的漸行漸遠，學術地位和思想異同則在加劇彼此之間的理論對立的同時，進一步預示了朱陸之爭的不可避免。

一、在南宋之學中的地位

朱熹、陸九淵都是南宋人，在南宋之學中的地位最能展示兩人的學術地位。有鑑於此，康有為著重描述了南宋的學術狀況，從中可以直觀地看到朱熹、陸九淵以及朱學、陸學在南宋之學中的具體地位。

對於朱熹、陸九淵在南宋之學中的地位，康有為不止一次地聲稱：

朱、張、呂、陸，南宋學派也。〔註24〕

南宋之學，朱、張、呂、陸四大家。別有永嘉之學，而朱子集大成。〔註25〕

通過比較可以發現，康有為的這兩段議論略有差異，思想主旨別無二致：相同之處在於，南宋時期，大儒迭出，陸九淵與朱熹、張軾、呂祖謙一起組成了四大家；不同之處在於，第一段議論在四大家之外，加上了葉適代表的永嘉之學，並在這個前提下強調朱熹是南宋之學的集大成者。

分析至此，有兩個問題有待進一步澄清：第一，康有為指出，南宋時期，學派林立，蔚為大觀。儘管康有為沒有提及陳亮代表的永康學派，然而，僅就他所列舉的四大家各成一派，加之葉適代表的永嘉之學就可以想見南宋之學的繁榮和學派競爭之盛。在這種情形下，康有為讓陸九淵之學脫穎而出，勝於

〔註24〕《萬木草堂口說・學術源流》，《康有為全集》（第二集）中國人民大學出版社
　　　　2007年版，第139頁。
〔註25〕《萬木草堂口說・學術源流》，《康有為全集》（第二集）中國人民大學出版社
　　　　2007年版，第136頁。

陳亮的永康之學和葉適的永嘉之學，成為四大學派之一，亦可謂南宋之學中的翹楚。康有為的這種描述表明，陸九淵是大儒、大家，陸九淵之學自成一派，在南宋之學中佔有重要一席。這肯定了陸學的特色，也給予了陸九淵較高的學術地位。第二，深入分析可以發現，康有為對南宋之學的描述在肯定陸學地位的同時，更突出朱熹的地位。最明顯的證據是，康有為的上述兩段議論在四大家同時出現時，朱熹無一例外地排在首位，陸九淵無一例外地位居最後。這不僅是出生前後的時間排序，更主要的則是地位上的價值排序。眾所周知，康有為在此提及的南宋之學四大家都具有明確的生卒時間，在時間上的先後順序一目了然：朱熹（1130～1200），張栻（1133～1180），呂祖謙（1137～1181），陸九淵（1139～1193）。不難看出，康有為對於他心目中的南宋之學四大家的排序與四人的出生順序相吻合。尚須提及的是，從卒年來看，朱熹應該排在最後。這就是說，即使是以生卒時間為序，康有為對四大家的排列也不具有唯一性。這在某種程度上印證了康有為將朱熹排在四大家之首難以排除偏袒之嫌。至於他的「朱子集大成」的說法則更為直白地道出了朱熹讓陸九淵相形見絀的學問和地位。

二、在兩宋之學中的地位

在康有為的視界中，如果說朱熹與陸九淵的地位在南宋之學中相差懸殊的話，那麼，兩人的地位在兩宋之學中則可以用差若雲泥來形容了。

綜觀康有為對宋代學術的描述和對朱熹、陸九淵地位的界定不難發現，陸九淵在南宋之學中作為四大家之一尚可以與朱熹分庭抗禮，在包括北宋的兩宋之學（宋學）中卻沒有了與朱熹並肩而立的位置。例如，對於宋學四大家，康有為是這樣認定的：「周、程、朱、張二千年來莫之能及也。」〔註26〕無論其中的「張」指北宋的張載還是南宋的張栻，有一點是確鑿無疑的，那就是：在宋學四大家中，不包括陸九淵，而朱熹卻在其中佔有一席之地。

問題到此並沒有結束，對於朱熹的地位和對於朱學的影響，康有為還有下面的概括和評價：

> 朱子之學，二千年來皆朱學。〔註27〕

〔註26〕《萬木草堂口說·學術源流（四）》，《康有為學術文化隨筆》中國青年出版社
1999 年版，第 9 頁。
〔註27〕《萬木草堂講義·七月初三夜講源流》，《康有為全集》（第二集）中國人民大
學出版社 2007 年版，第 287 頁。

朱子，孔子後學一小教王。〔註28〕

顯而易見，康有為在這裡給予朱熹的評價是極高的，無論是「小教王」的稱謂還是「二千年」的影響，都是除了孔子之外無人可及的。甚至可以說，康有為的這些說法不僅使朱熹超邁陸九淵，而且使朱熹勝過了孟子和荀子等人。

進而言之，康有為肯定朱熹是南宋之學的「集大成」者，具有多重意指。對於這一點，可以從以下兩個方面去理解：第一，康有為對朱熹傳播孔教的功勞極為欣賞，並由此將朱熹譽為孔教的「小教王」。就勢力和影響來看，朱學在南宋以及之後直到康有為自己出現之前的數百年間一直無人能敵，朱熹自然成為南宋之學的「集大成」者，朱熹的地位讓陸九淵無法望其項背。第二，康有為認為，就朱熹與陸九淵的思想來看，朱熹足以讓陸九淵自歎弗如：朱熹的思想無所不包，「籠罩一切」；陸九淵的思想充其量只是偏於一隅，「不舉大體」。下面兩段話是從不同角度立論的，共同表達了康有為的這一思想主張：

僕生平於朱子之學，嘗服膺焉。特儒先有短，正不必為之諱耳。朱子教人以持敬之學最美矣，而於經義何嘗不反覆辯論？即《詩序》之偏，亦諄諄日與呂伯恭、陳止齋言之，豈亦得責朱子捨義利、身心、時務不談，而談此《詩序》乎？蓋學固當本末兼舉，未可舉一而廢百，亦不能舉空頭之高論，抹殺一切也。朱子之學，所以籠罩一切而為大宗者，良以道器兼包，本末具舉，不如陸子、止齋之倫滯在偏隅，如耳、目、鼻、口之各明一義，不舉大體也。〔註29〕

戰國以還，稱博聞勤學者，必以孔、墨為稱首，而諸子不與焉，其並名如此。蓋孔子、墨子皆以學問、制度勝人，諸子多空虛，非其比也。雖宜於時者，墨不如孔，而荀勝孟，朱勝陸，後人皆荀、孟並稱，朱、陸對舉，正與此同。觀後以知前，最足勝據者矣。〔註30〕

第一段議論中的「滯在偏隅，如耳、目、鼻、口之各明一義」之語，化《莊子·天下篇》而來。康有為對語出《莊子·天下》篇的「譬如耳目鼻口，皆有所明，不能相通。猶百家眾技也，皆有所長，時有所用。雖然，不該不遍，一

〔註28〕《萬木草堂講義·七月初三夜講源流》，《康有為全集》（第二集）中國人民大學出版社2007年版，第288頁。

〔註29〕《與朱一新論學書牘》，《康有為全集》（第一集）中國人民大學出版社2007年版，第315頁。

〔註30〕《孔子改制考》卷十八，《康有為全集》（第三集）中國人民大學出版社2007年版，第218頁。

曲之士也。……是故內聖外王之道，闇而不明，鬱而不發，天下之人各為其所欲焉以自為方。悲夫！百家往而不反，必不合矣！……道術將為天下裂。」等數語津津樂道，反覆援引這段話來證明孔子作為教主，思想無所不賅，諸子都只得孔子大道的「一端」「一體」，故而如耳、目、口、鼻各明一義一樣，闇於大道。在這裡，他以此語比喻朱學與陸學的關係，一面稱讚朱熹之學「本末具舉」，一面貶斥陸九淵之學「如耳、目、鼻、口之各明一義，不舉大體也」，將崇朱貶陸之情推向了極致。第二段議論的「朱勝陸」印證了第一段議論的觀點，不僅表明了尊朱抑陸的態度，而且在追本溯源中印證了朱熹、陸九淵思想的涇渭分明和優劣懸殊。

透過康有為的上述分析，陸九淵與朱熹思想的不同是必然的，因為兩人思想的不同在理論來源上就已經注定了。可以作為佐證的是，康有為反覆斷言：

> 傳《詩》則申公，《禮》則東海孟公，《春秋》則胡毋生，皆荀子所傳。孟子之後無傳經，惟《韓非子·顯學篇》有樂正氏之儒。宋朱、陸二派亦然，象山弟子著錄數千人，而後學不甚光大。朱子之後，彬彬濟濟。可知學之不可以已也。〔註31〕

> 蓋孟子重於心，荀子重於學。孟子近陸，荀子近朱，聖學原有此二派，不可偏廢。而群經多傳自荀子，其功尤大，亦猶群經皆注於朱子，立於學官也。〔註32〕

依據康有為的說法，陸九淵與朱熹的分歧源於孟子與荀子思想的分歧，荀子的「其功尤大」似乎預示著朱熹遠非陸九淵可以比擬的勢力和影響。

與此同時，在康有為看來，朱熹、陸九淵的學術地位與兩人的思想異同密不可分。在從不同角度共同呈現朱熹、陸九淵學術地位的基礎上，他具體概括了朱熹與陸九淵思想的不同。一言以蔽之，朱熹重學，即道問學；陸九淵重心，即尊德性。除此之外，康有為還從其他角度剖析朱熹與陸九淵思想的差異。這除了前面提到的康有為認定朱熹注重變化氣質、陸九淵不講變化氣質之外，還涉及更多內容。例如，康有為曾經分別用「沉潛」與「高明」概括朱熹與陸九淵思想的特質，並在這個意義上如是說：「至宋儒大發揮理學，

〔註31〕《萬木草堂口說·荀子》，《康有為全集》（第二集）中國人民大學出版社2007年版，第182頁。

〔註32〕《南海師承記·學章》，《康有為全集》（第二集）中國人民大學出版社2007年版，第213頁。

分朱、陸兩派。朱子沉潛，一近聖人實學，有似荀子。陸子高明，一近聖人大義，有似孟子。要之，教人以實學為上，故朱子後學，成材較多，而明儒一代學問，皆宗陸子。」〔註33〕

經過康有為的上述解讀和闡釋，陸九淵與朱熹的思想無論「相反」「角立」還是「分道揚鑣」都直觀地呈現出來，朱陸之爭也隨之成為預料之中的事了。

第三節　朱陸之爭及其評價

總的說來，康有為對於朱熹、陸九淵的比較不僅關注兩人的傳承譜系和思想內容，而且關注兩人思想的分歧和辯論。在此過程中，無論朱熹、陸九淵圍繞「無極而太極」展開的有無之爭還是包括讀書態度在內的格物之辯均被康有為納入視野。

一、對朱陸之爭的側重

朱熹與陸九淵之爭是影響深遠的學術公案，康有為對兩人關係的釐定和思想的比較自然不可迴避這個問題。更為重要的是，康有為對爭教問題津津樂道，朱熹與陸九淵之間的爭論既為他提供了絕佳注腳，又成為他論證孔教內部爭教的有力證據。

深諳中國哲學史、學術史的人都知道，朱熹與陸九淵之間的爭論具有三個顯著特點：第一，持續時間長，前後之間大爭論就是三個回合。第二，辯論內容廣，從「無極而太極」的形而上學到尊學問與道問學的為學之道再到泛觀博覽與簡潔直接的讀書之方無所不及。第三，牽涉人員多。除了陸九淵一方並非陸九淵一人之外，還有作為中間人的呂祖謙等人參與其中。在這個前提下可以看到，康有為對於朱熹、陸九淵之間的爭論在人物上沒有提及陸氏兄弟和呂祖謙，在內容上側重朱熹與陸九淵之間的有無之爭。不僅如此，對於朱熹與陸九淵之間的有無之爭，康有為從周敦頤講起。原因在於，康有為認定全部宋學都源於周子之學，朱熹、陸九淵圍繞「無極而太極」而來的有無之爭便發端於周敦頤。

眾所周知，周敦頤是「北宋五子」之一，作《太極圖說》用二百五十多個字對「太極圖」予以說明。康有為並不贊同周敦頤在太極之上加一個無極的做

〔註33〕《康南海先生講學記·古今學術源流》，《康有為全集》（第二集）中國人民大學出版社 2007 年版，第 107 頁。

法，並據此抨擊周敦頤的思想與老佛相混，而非孔門正統。儘管如此，這並不妨礙康有為將周敦頤奉為宋學之開山，對周敦頤的推崇之情溢於言表。從宋學開於周敦頤的角度來看，康有為視界中的朱熹、陸九淵之學都應該以周敦頤為開山。儘管如此，這只是抽象的，具體到每一位宋儒來說，康有為的認識並不相同。相比較而言，他更注重朱熹與周敦頤之間的思想傳承關係。正因為如此，康有為在論證周敦頤是宋學開山的過程中提及陸九淵對周敦頤的譏諷，既在具體的維度上進一步釐清了朱學、陸學的學脈，又預示了朱陸之爭的不可避免。對於前者，康有為認為，正如全部宋代學問皆開於周敦頤，受周敦頤發揮誠字的影響一樣，朱熹、陸九淵的思想不僅與《中庸》密不可分，而且發揮了至誠之說。對於後者，康有為認為，周敦頤好言有無，陸九淵則認定周敦頤的做法已入老學，故而譏諷之。與陸九淵的態度恰好相反，朱熹對周敦頤的有無之說倍加推崇，不僅將理、道與無相提並論，在理氣觀、道器觀上貫徹其有無觀；而且對「無極而太極」予以闡發，用以論證作為世界本原的天理。基於上述認識，康有為得出結論：無極與太極的關係是朱陸之爭的主要內容，其中包含對有無關係尤其是對無的態度問題。與對有無問題的樂此不疲相比，康有為對於朱熹與陸九淵其他方面的爭論涉及不多。這從一個側面反映了康有為的興趣所在，同時也在一定程度上框定了他對兩人爭論的立場和評價。

二、對朱陸之爭的看法

　　康有為不僅對朱熹與陸九淵之間的學術爭論津津樂道，而且發表了自己的看法。

　　從致思方向來看，康有為將朱陸之爭置於全球多元的文化視野之內，並且提升到爭教的高度予以審視和理解。於是，他斷言：「夫天下古今，遠暨歐、亞之學，得本者攻末，語粗者忘精。印度哲學之宗，歐土物質之極，蓋寡能相兼、鮮能相下者。吾國朱、陸之互攻，漢、宋之爭辨，亦其例也。」〔註34〕康有為秉持憑藉保教保國保種的救亡路線，故而為立孔教為國教而奔走呼號。在這個前提下，他關注孔教的傳播問題，對傳教、爭教的話題樂此不疲。依據康有為的分析和總結，無論孔教、佛教還是耶教（基督教）的傳教過程從根本上說都是一個爭教的過程。爭教是傳教的主要途徑。驗諸萬國，莫不如此。就中

〔註34〕《孟子微》序，《康有為全集》（第五集）中國人民大學出版社 2007 年版，第411 頁。

國而論，爭教的傳統由來已久；戰國時諸子紛紛創教，就是為了與孔子爭席。就孔教而論，從外部來看，孟子力闢楊朱和墨子，表明了孔教與老教、墨教的爭教；從內部來看，孔子親授弟子即已分裂為兩派，孟子、荀子同為孔門戰國時期的「二伯」，兩人的分歧預示著孔教內部的爭教正式拉開。沿著這個思路，康有為認定朱熹與陸九淵之間的爭論不出爭教範疇，並且作為孔教內部之爭，濫觴於孟荀之爭。

在此基礎上，康有為對朱陸之爭發表了自己的看法。就康有為關注的無極與太極來說，朱熹推崇無，並且贊同周敦頤的「無極而太極」。陸九淵認為，推崇無便混入老學，並且極力反對無極之說。沿著這個思路，陸九淵諷刺朱熹等人在太極之上加一無極的做法無異於屋上架屋，床上疊床，極為荒唐可笑——「豈宜以『無極』字加之太極之上」，「正是疊床上之床，架屋下之屋」（《與朱元晦》）。對於無極太極之爭，康有為對朱熹、陸九淵的觀點均不認可，故而持中立立場。他指出：「極不得作中字解，若陸子言中，非也。極上不得加無字，若朱子之言無極，亦非也。無極乃老氏之學。」〔註35〕對於朱熹與陸九淵之間的格物之爭，康有為顯然偏袒朱熹一方。康有為說道：「致知即讀書。朱子鑒於六祖之蔽，欲人讀書，故解格物許多委曲，故避陸子而為。」〔註36〕

在此基礎上尚須提及的是，康有為對朱熹、陸九淵的比較及其評價與他本人的思想轉變息息相關，乃至互為表裏。例如，在凸顯朱陸之爭的過程中，康有為提到了朱熹對陸九淵的推崇。他說：「當時程門弟子遍天下，而朱子謂『南渡以來，八字著腳者，惟某與陸子靜』，是朱甚推尊陸子也。」〔註37〕在這裡，康有為只講朱熹對陸九淵的推尊而絕口不談陸九淵對朱熹的推尊，背後的潛臺詞是，陸九淵的思想比朱熹略勝一籌。這個評價印證了康有為已經由早年的尊朱轉向了推崇陸王。對於康有為的下面這段話，也可以作如是觀：「孔子之學無欲速，無見小利，不尚詐謀，老子則大相反。聖人貴讓賤利，防人世之爭原也。然飲食、宮室、衣服之用，人誰可廢？故又曰：利者，義之和也。若專求利而不顧義，君子弗貴也。朱子請陸子靜講『君子喻於義，小人喻於利』一

〔註35〕《南海師承記·講宋學》，《康有為全集》（第二集）中國人民大學出版社 2007 年版，第 253 頁。

〔註36〕《萬木草堂講義·講大學》，《康有為全集》（第二集）中國人民大學出版社 2007 年版，第 301 頁。

〔註37〕《康南海先生講學記·古今學術源流》，《康有為全集》（第二集）中國人民大學出版社 2007 年版，第 112 頁。

章，學者為之悚然，汗流浹背。孟子每發一義，必霹靂粉碎。」〔註38〕表面上看，康有為在此由孔子、孟子的義利觀講起，讚歎孟子所發揮的義利之辨振聾發聵，「霹靂粉碎」。深層分析不難想像，儘管康有為不是直接從陸九淵講起的，然而，又是誰對孔孟義利之辨的闡發獨有心得，令人「悚然」？唯陸九淵能之！更為重要的是，朱熹也在「汗流浹背」之列，即是出於對陸九淵所講內容的認同和折服。從這個角度看，無論康有為所講的朱熹對陸九淵的推崇還是對陸九淵講學的認同，似乎都展示了朱熹對陸九淵的肯定評價，並且從一個側面證明了朱熹、陸九淵思想的一致性。

值得注意的是，儘管康有為承認朱熹、陸九淵思想的一致性，甚至在某種情形下肯定朱熹對陸九淵思想的認同，然而，總的說來，康有為視界中的朱熹與陸九淵的思想以差異乃至對立為主。對於康有為來說，朱熹與陸九淵思想的差異和對立意味著朱陸之爭的必然性，並且決定了對兩人的不同偏袒和取捨。具體地說，康有為的老師——朱次琦篤好朱熹，康有為早年受老師的影響而對朱熹頂禮膜拜。尤其是在 1890 年收徒講學之前，康有為最為推崇的人物非朱熹莫屬。後來，康有為與朱次琦的思想漸行漸遠，隨著轉向心學而開始推崇陸王，對朱熹的熱情也隨之銳減。這直觀地展示了朱熹、陸九淵在康有為那裏的命運呈現出此消彼長的態勢，也反過來印證了兩人的思想在康有為的視界中以差異為主。儘管如此，不可否認的是，無論康有為對朱熹的關注程度還是整體評價都是陸九淵無法比擬的。可以看到，與對朱熹的津津樂道相比，康有為對陸九淵的提及和思想闡發既稱不上多，也稱不上深或廣。康有為並沒有研究陸九淵的相關著作或專題論文，卻有專門詮釋朱熹思想的《尊朱》《中和說》等文。至於康有為頒發給朱熹的「小教王」稱號和「孔子之後一人而已」等評價，則更是令陸九淵自歎弗如。

第四節　朱陸比較及其得失

上述內容顯示，在康有為視界中的朱熹與陸九淵無論是理論來源、傳承譜系還是學術地位、思想內容均相去甚遠。這既印證了兩人思想「相反」「角立」乃至「分道揚鑣」，又表明了朱陸之爭的不可避免。在這個前提下應該看到，

〔註38〕《南海師承記・講孟荀列傳》，《康有為全集》（第二集）中國人民大學出版社 2007 年版，第 228 頁。

康有為的朱陸比較是在「宋明學」的視域內進行的，並且是他本人的孔教觀的一部分。正是由於這個原因，只有沿著「宋明學」以及孔教觀的思路進一步思考，才能從整體上把握康有為的朱陸比較，從而深刻體悟其意義所在。

一、比較的雙重意義

對於康有為來說，朱熹與陸九淵的思想差異既有相對意義，又有絕對意義。

一方面，正如康有為在講「宋明學」時涉及朱熹尤其是陸九淵一樣，無朱學還是陸學在康有為那裏主要都是作為「宋明學」的一部分出現的。正因為如此，朱熹、陸九淵的思想都帶有「宋明學」的共同特徵因而呈現出諸多相似性、一致性。具體地說，康有為對於宋明理學的總體評價是，與佛老混、苦人生而不是孔門正學。正是在這個意義上，他反覆強調：「周、程、朱、張二千年來莫之能及也，其學為孔子傳人，然尚非嫡派耳。」〔註39〕「宋儒自是一種學問，非孔子全體也。」〔註40〕顯而易見，康有為的上述評價是對整個「宋明學」發出的，既適合朱熹，又適合陸九淵——或者說，朱熹與陸九淵的思想在這些方面別無二致，這些可以視為兩人思想的共同點。這表明，康有為所講的朱熹、陸九淵思想的差異是在「宋明學」這個大背景下發出的，故而是相對的。更有甚者，與整個「宋明學」的相同之處相比，康有為對朱熹與陸九淵思想差異的探討卻顯得微不足道。

另一方面，朱熹、陸九淵思想的分歧有別於兩人與其他康有為提及的國學人物以及「宋明學」人物——如朱熹與周敦頤、張栻或者陸九淵與王守仁之間的思想差異。例如，對於朱熹與周敦頤、張栻的關係，康有為不止一次地如是說：

> 周子主靜立人極。又朱子主敬，自見兩派。〔註41〕

> 南軒與朱子近而窮理，博學不如朱子。〔註42〕

由此可見，康有為肯定朱熹與周敦頤的思想呈現出明顯差異，一個主敬，

〔註39〕 《萬木草堂口說·學術源流（四）》，《康有為學術文化隨筆》中國青年出版社1999年版，第9頁。

〔註40〕 《萬木草堂口說·中庸》，《康有為全集》（第二集）中國人民大學出版社2007年版，第173頁。

〔註41〕 《南海師承記·講明儒學案及國朝學案》，《康有為全集》（第二集）中國人民大學出版社2007年版，第257頁。

〔註42〕 《南海師承記·講宋元學派》，《康有為全集》（第二集）中國人民大學出版社2007年版，第255頁。

一個主靜；朱熹與張栻的思想在格物方面相近——這也使兩人與陸九淵的思想大不相同，然而，朱熹的博學勝於張栻——這與陸九淵偏於一隅不如朱熹的思想博大精深表面上看並無本質區別。其實不然，秘密在於：無論朱熹與周敦頤的差異還是朱熹與張栻的不同都不具有爭教的性質，由於康有為將朱陸之爭抬到了爭教的高度，朱熹與陸九淵思想的差異乃至爭論也就具有了非同尋常的意義。康有為不僅具有孔教情結，斷言「百家皆孔子之學」；而且將孔教的傳播過程視為一個力闢異端、爭教護教的過程。在這個前提下，他將朱陸之爭提到爭教的高度進行審視和評價，儘管承認朱熹與陸九淵的爭教屬於孔教的內部之爭，故而有別於孔教與他教的外部之爭，然而，康有為借助朱熹、陸九淵在朱陸之爭中的相互攻擊道出了彼此對孔子大道的偏離——朱熹入老，陸九淵入佛等。

二、令人困惑的比較結論

就康有為對朱熹、陸九淵思想的比較和評價來說，有一點是不爭的事實，那就是：康有為無論對朱熹還是對陸九淵的思想均沒有專門著作。具體地說，對於朱熹，康有為早年作有《尊朱》《中和說》兩篇短文。至於陸九淵，康有為甚至沒有進行過專門探討。這些情況共同證明，康有為對朱熹、陸九淵的思想比較並不深入，也不系統。或許與對兩人的思想均無深刻研究有關，康有為無論對朱熹、陸九淵的思想內容還是態度評價都難免前後矛盾，相互牴牾。

瞭解思想是進行評價、予以定位的前提和依據，缺乏思想依據的評價或者流於玄想，或者陷入矛盾之中。康有為對朱熹、陸九淵思想的比較和評價正是這樣。以朱熹、陸九淵的弟子為例，康有為對方孝孺等人的身份歸屬含糊不清，無端地增加了對朱熹與陸九淵關係的矛盾認識。例如，康有為曾經宣稱：「宋濂為義理文章大宗，方孝孺為其高弟子，是為朱學正宗。朱學有文信國、方正學，更見朱學之光。」〔註43〕這裡提到的宋濂（1310～1381）是明代理學家。宋濂不止一次地宣稱：

> 天地一太極也，吾心一太極也，風雨雷霆皆心中所具。（《宋文憲公全集》卷八）

> 天下之物孰為大？曰心為大。……天地之所以位，由此心也；

〔註43〕《南海師承記·講明儒學派》，《康有為全集》（第二集）中國人民大學出版社2007年版，第255頁。

萬物之所以育，由此心也。……心一立，四海國家可以治，心不立，則不足以存一身。(《凝道記》)

　　由此可見，儘管宋濂具有調和朱陸的思想傾向，卻更接近陸九淵，在哲學上秉承與孟子、陸九淵一脈相承的心學。不僅如此，宋濂與陸九淵一樣推崇孟子，將孟子的養氣說運用到文學、美學領域，提出了「為文必在養氣」(《文原》)的觀點。這些表明，如果非要對宋濂進行身份歸屬，在朱熹與陸九淵之間選擇宋濂思想的傳承譜系的話，那麼，則需說宋濂是陸九淵的後學，宋學是對陸九淵思想的薪火相傳。令人迷惑的是，為了突出朱學的影響，康有為卻將宋濂歸入朱學。更有甚者，在這裡被康有為與宋濂一起被歸入朱學的還有宋濂的高足──方孝孺以及文信國等人，而方孝孺則早已被康有為言之鑿鑿地歸入了陸學。這樣一來，方孝孺究竟屬於朱學還是屬於陸學變得撲朔迷離起來。更令人匪夷所思的是，康有為發出了這樣的斷語：「二陸、二張宗朱學。」〔註44〕這一說法將康有為對朱陸關係的矛盾認識推向了極致，也瓦解了他本人先前關於朱陸之爭以及兩人思想差異的種種說法。

　　以朱熹與陸九淵思想的高低優劣為例，康有為一會兒又肯定陸學高於朱學，一會兒肯定朱學勝於陸學。在他的視界中，如果說不同的傳承譜系在某種程度上決定了朱熹、陸九淵之間的思想差異的話，那麼，不同的思想特點則反過來進一步凸顯、加大了兩人思想的差異，致使朱學與陸學分別適合不同的人群。對此，康有為總結為一句話，那就是：「朱子之學，為士人說法。陸子之學，人人皆可。」〔註45〕這句話表面上看是肯定朱學、陸學各有自己的受眾，其實不然。稍加剖析即可發現，康有為在這裡一面肯定朱學適用於士大夫階層，一面肯定陸學適用於所有人，即「人人皆可」；從邏輯上講，陸學適合的「人人」之中應該包括朱學所適應的「士人」，同時還應該包括朱學之外者。這就是說，從「人人可學」的角度說，陸學擁有比朱學更廣泛的受眾。如此說來，康有為的這個說法等於肯定了陸學的普適性和影響力遠非朱學所及。與這一評價截然相反，康有為不止一次地明確指出朱學勝於陸學，其中就包括朱學比陸學具有更廣泛的普適性。下僅舉其一斑：

〔註44〕《南海師承記・講明儒學案及國朝學案》，《康有為全集》(第二集) 中國人民大學出版社 2007 年版，第 258 頁。

〔註45〕《南海師承記・講宋學》，《康有為全集》(第二集) 中國人民大學出版社 2007 年版，第 253 頁。

朱學善於陸，包陸在內。〔註46〕

朱子能正陸子之偏。〔註47〕

在這裡，康有為認為，朱學包括陸學，並且強調朱學能夠矯正陸學之偏。至於朱學如何「包」、如何「正」陸學，他並未作任何具體解釋或說明。可以肯定的是，康有為的說法肯定了朱學高於陸學。並且，按照通常的理解，這樣的朱學應該比陸學擁有更廣泛的受眾，而不是像康有為上面所說的那樣——陸學人人皆宜，而朱學卻只適於士大夫。康有為對於朱學與陸學關係的矛盾評價讓人產生迷惑。更為致命的是，與康有為提及的所有國學人物一樣，他對朱熹、陸九淵的這些比較和評價大多是在沒有具體情境的狀況下發出的，因為太抽象，往往讓人不知所云。

就康有為的本意來說，他的議論以及評價或許並不在朱熹與陸九淵的比較本身。儘管如此，特殊的孔教情結和價值旨趣卻使他關注孔教在宋明時期的傳承，並且對朱熹與陸九淵的思想予以比較。這在近代哲學家中並不多見，因而意義非凡。原因在於，除了特殊的孔教立場和視域使康有為的朱陸比較極富創見之外，單就比較本身而言已屬創新之舉了。

〔註46〕《南海師承記·講宋學》，《康有為全集》（第二集）中國人民大學出版社 2007 年版，第 254 頁。

〔註47〕《南海師承記·講宋學》，《康有為全集》（第二集）中國人民大學出版社 2007 年版，第 254 頁。

主要參考文獻

1. 《康有為全集》（共 12 集），康有為著，姜義華、張榮華編校，中國人民大學出版社 2007 年版。

2. 《康有為全集》（第一集），康有為著，上海古籍出版社 1987 年版。

3. 《大同書》，康有為著，中州古籍出版社 1998 年版。

4. 《南海康先生口說》，吳熙釗、鄧中好校點，中山大學出版社 1985 年版。

5. 《康有為學術文化隨筆》，董士偉編，中國青年出版社 1999 年版。

6. 《十三經》，吳哲楣主編，國際文化公司 1995 年版。

7. 《春秋公羊傳譯注》，王維堤、唐書文撰，上海古籍出版社 2007 年版。

8. 《春秋穀梁傳譯注》，承載撰，上海古籍出版社 2006 年版。

9. 《左傳》，蔣冀騁標點，嶽麓書社 1993 年版。

10. 《詩經譯注》，周振甫注，中華書局 2005 年版。

11. 《尚書譯注》，李民、王健注，中華書局 2000 年版。

12. 《周易譯注》，周振甫注，中華書局 2001 年版。

13. 《禮記譯注》，楊天宇撰，上海古籍出版社 1997 年版。

14. 《禮記正義》，十三經疏本，中華書局 1980 年版。

15. 《論語譯注》，楊伯峻注，中華書局 1980 年版。

16. 《論語注疏》，十三經疏本，中華書局 1980 年版。

17. 《老子正詁》，高亨著，中華書局 1959 年版。

18. 《老子校釋》，朱謙之撰，中華書局 2000 年版。

19. 《墨子》，墨翟著，畢沅校注，吳旭民標點，上海古籍出版社 1995 年版。

20. 《孟子譯注》，楊伯峻注，中華書局 1960 年版。

21.《孟子注疏》，十三經疏本，中華書局 1980 年版。

22.《管子》，李山注解，中華書局 2009 年版。

23.《莊子淺注》，莊子著，曹礎基注，中華書局 1982 年版。

24.《荀子集解》，王先謙解，諸子集成本，中華書局 1996 年版。

25. 楊伯峻撰：《列子集釋》，北京：中華書局 1979 年版。

26.《淮南子譯注》，陳廣忠注譯，吉林文史出版社 1993 年版。

27.《春秋繁露義證》，董仲舒著，蘇輿撰，鍾哲校點，中華書局 1996 年版。

28.《史記》，司馬遷著，李全華標點，嶽麓書社 1994 年版。

29.《漢書》，班固著，嶽麓書社 2008 年版。

30.《論衡》，王充著，上海人民出版社 1974 年版。

31.《抱朴子內篇校釋》，葛洪著，王明撰，中華書局 2002 年版。

32.《韓昌黎文集校注》，韓愈撰，馬其昶校注，馬茂元整理，上海古籍出版社 1986 年版。

33.《新唐書》（全二十冊），歐陽修、宋祁撰，中華書局 1975 年版。

34.《周敦頤集》，周敦頤著，中華書局 2010 年版。

35.《邵雍集》，邵雍著，中華書局 2010 年版。

36.《張載集》，張載著，中華書局 2006 年版。

37.《二程集》，程顥、程頤著，中華書局 2004 年版。

38.《朱子全書》（共二十七冊），朱熹著，上海古籍出版社、安徽教育出版社 2002 年版。

39.《陸九淵集》，陸九淵著，鍾哲點校，中華書局 1980 年版。

40.《王陽明全集》，王陽明著，吳光、錢明、董平、姚延福編校，上海古籍出版社 1992 年版。

41.《洋務運動》（一、二、八）（中國近代史資料叢刊），中國史學會編，上海人民出版社 1961 年版。

42.《戊戌變法》（全四冊），中國史學會主編，上海人民出版社 2000 年版。

43.《辛亥革命前十年間時論選集》（第 1、2 卷），張枏、王忍之編，三聯書店 1960、1963 年版。

44.《譚嗣同全集》（增訂本），譚嗣同著，蔡尚思、方行編，中華書局 1998 年版。

45.《梁啟超全集》（共 10 冊），梁啟超著，張品興等主編，北京出版社 1999

年版。

46.《嚴復集》（共 5 冊），嚴復著，王栻主編，中華書局 1986 年版。

47.《國學概論》，章太炎講演，曹聚仁整理，上海古籍出版社 2007 年版。

48.《國故論衡》，章太炎著，上海古籍出版社 2003 年版。

49.《章太炎政論選集》（上下冊），湯志鈞編，中華書局 1977 年版。

50.《章太炎全集》（1～6），章太炎著，上海人民出版社 1982～1986 年版。

51.《章太炎選集》，章太炎著，朱維錚、姜義華編注，上海人民出版社 1981 年版。

52.《壇經校釋》，慧能著，郭朋校釋，中華書局 2007 年版。

53.《華嚴經今譯》，張新民等注釋，中國社會科學出版社 2007 年版。

54.《西方哲學原著選讀》（上下卷），北京大學哲學系編譯，商務印書館 1984 年版。

55.《十六～十八世紀西歐各國哲學》，北京大學哲學系編譯，商務印書館 1975 年版。

56.《中國古代社會史論》，侯外廬主編，河北教育出版社 2002 年版。

57.《中國社會通史》（全八冊），龔書鐸主編，陝西教育出版社 1996 年版。

58.《中國近代思想史論》，李澤厚著，三聯書店 2009 年版。

59.《中國近代思想史論》，王爾敏著，社會科學文獻出版社 2003 年版。

60.《中國近代哲學的革命進程》，馮契著，華東師範大學出版社 1997 年版。

61.《中國近代哲學史》，侯外廬主編，人民出版社 1978 年版。

62.《中國宗教通史》（上下卷），牟鍾鑒、張踐主編，中國社會科學出版社 2007 年版。

63.《中國佛教與傳統文化》，方立天著，長春出版社 2007 年版。

64.《歐洲哲學通史》（上下卷），冒從虎、張慶榮、王勤田主編，南開大學出版社 2008 年版。

65.《西方哲學史》（上下冊），全增嘏主編，上海人民出版社 2007 年版。

66.《近代諸子學與文化思潮》，羅檢秋著，中國社會科學出版社 1998 年版。

67.《康有為與戊戌變法》，湯志鈞著，中華書局 1984 年版。

68.《中國近代國學研究》，魏義霞著，北京：生活·讀書·新知三聯書店 2013 年版。

69.《康有為先秦七子研究》，魏義霞著，人民出版社 2017 年版。

後　記

　　康有為集政治家、思想家與學問家於一身，同時又是國學家，也是公羊學巨擘。正是由於這個原因，康有為的思想對於中國近代哲學與文化不可或缺。就作為近代哲學家的康有為來說，他的思想帶有那個時代共同的「不中不西即中即西」的時代特徵，卻不同於梁啟超的中西參半或嚴復的以西學示人。康有為被譽為中國最後一位公羊學大師，公羊學既成就了他的政治理想，又成就了他的學術創新。著名的公羊學家既表明了康有為的思想以中學為母版，又預示了他的儒學情結。《康有為思想比較研究》以比較的方式多角度立體呈現康有為的思想特質：通過康有為與孔子、孟子的比較以及對待兩人的態度，既生動解讀康有為對孔子、孟子代表的儒家思想的情有獨鍾，又直觀呈現康有為思想迴異於兩人的時代性。通過康有為與嚴復、譚嗣同、梁啟超、孫中山和梁漱溟代表的近現代哲學家的比較，在全面感受康有為思想的時代性、近代性的同時，深刻理解其思想的原創性、獨特性。通過康有為對老子與墨子、孟子與荀子、朱熹與陸九淵的比較，還原康有為作為國學家對國學人物的比較研究。當然，這三個維度的比較都盡顯康有為學問的本色，更是將康有為思想脫胎於公羊學擅長發揮微言大義的康氏範式發揮到了極致。於是，康有為與古代人物比較、康有為與同時代人物比較和康有為對國學人物的比較成為本書的三個比較維度。這也是本書名為《康有為思想比較研究》的原因和依據所在。

　　《康有為思想比較研究》是我任首席專家的國家社科基金項目的階段性成果，能在花木蘭文化事業有限公司出版我深感榮幸，也對貴社對我的信任和支持表示衷心的謝忱！至於書中的舛誤、讕陋，則期待就教於方家。

魏義霞

2023 年 7 月 6 日